FLORIAN HAYMANN

FREERIDE

MOVES, BIKES UND PARKS

Tricks und Fahrtechnik
der Profis mit:

Rob J.
Amir Kabbani
Guido Tschugg
Stefan Herrmann

DELIUS KLASING VERLAG

Inhalt

- **6**   **VORWORT**
- **8**   **HISTORY:** Wie alles begann
- **14**   **MATERIAL:** Welches Bike für welchen Trail?
- **30**   **TECHNIK:** Die richtigen Komponenten

FAHRTECHNIK

- **52**   **BASICS:** Die Grundlagen für mehr Sicherheit
- **56**   **KURVENFAHREN:** Schneller um die Ecke zirkeln
- **70**   **SPRINGEN:** Basics und Tricks
- **90**   **DROPPEN:** Sich(er) fallen lassen
- **98**   **PLAYRIDING:** Wallrides, Wheelies & Co.
- **116**   **BIKEPARKS:** Hier kann man sich austoben

Tibor Simai in Action am Gardasee.

» Vorwort

Freiheit auf zwei Rädern

„Ach, das sind nur eine Hand voll Verrückter und Adrenalin-Junkies", hieß es, als Florian Haymann und ich – damals beide Redakteure bei der Zeitschrift BIKE – vor beinahe zehn Jahren erstmals ein eigenständiges Freeride-Magazin anregten. Fazit des Verlags: „Lohnt nicht!"

Ein paar Jahre später sah es anders aus: Die Bikes wurden immer robuster und langhubiger, die Freeride-Fans zahlreicher. Es herrschte Aufbruchstimmung in der Bike-Szene, ein bisschen wie in den 1980er-Jahren, als sich die Snowboarder frei strampelten und nach langen Jahren des in festen Konventionen gefangenen Wintersports ihr eigenes Ding machen wollten und einen riesigen Boom auslösten. Ganz ähnlich wurden auch die Freerider plötzlich als Zielgruppe attraktiv. So entschloss sich unser Verlag 2005 eine spezielle Zeitschrift für sie herauszubringen: die FREERIDE. Seitdem wächst deren Auflage stetig, die Fahrradhersteller spucken jedes Jahr mehr Freeride-Bikes auf den Markt, Events, Filme und Wettkämpfe häufen sich – kurzum: Freeriden boomt. Das hat viele Gründe: Die einen haben das „Schnell von A nach B" satt, keine Lust auf Schinderei und Konditionsgebolze, andere reizt das Neue, der Spaß am spielerischen Biken, an den immer neuen Tricks; sie lernen zu springen oder mit Vollgas durch Kurven zu driften. Freeriden ist ein „freies" Biken – also frei von Konventionen, Regeln und Stoppuhr –, doch leistungsfrei ist es weiß Gott nicht. Denn spielerisch wird Biken erst, wenn man sein Sportgerät perfekt beherrscht. Fahrspaß stellt sich ein, wenn man die Kurve gekonnt nimmt, über die Bodenwelle fliegt und sich von Abbruchkanten im Gelände nicht stoppen lässt, sondern hinunterspringt – am besten mit Style und einem Trick dabei.

In den letzten fünf Jahren erfuhr das Fahrkönnen der Freerider eine gigantische Leistungsexplosion. Plumpsten selbst die Profis anfangs nur glanzlos über Felsabbrüche in die Tiefe, erreichen heute sogar Hobby-Wettkämpfe ein früher unvorstellbares Niveau. Was die Weltelite der Freerider inzwischen demonstriert, ist nichts anderes als atemberaubende Akrobatik – und ein Ende der Entwicklung ist noch nicht in Sicht. Das hat natürlich auch Folgen für die Freizeit-Freerider, die den Sport nach dem Motto „Ride sunday, work monday" ausüben. Auch ihre Ansprüche wachsen. War vor Jahren noch der Ein-Meter-Drop das ultimative Ziel, wollen heute auch Hobby-Freerider im stylischen Whip über den Kicker fliegen oder den Lenker zum X-up verdrehen. Denn damit zeigt man: Ich habe mein Bike im Griff – und Spaß dabei.

Wer sein Fahrkönnen steigern will, muss die Bewegung verstehen. Sportwissenschaftler wissen: Bewegungsanalyse, Beschreibungen und Bildfolgen vereinfachen den Lernprozess ungemein. Doch bisher fehlte ein umfassendes Fahrtechnik-Buch, das zudem umfangreiche Informationen zu unserem Lieblingssport liefert. Jetzt liegt es vor.

Viel Spaß beim Besserwerden!
Ride free
Dimitri Lehner
Chefredakteur FREERIDE-Magazin

» **HISTORY**

Big-Mountain-Freeriding: große Sprünge vor packender Kulisse.

Freeriden – Mountainbiken für alle, überall

Was bedeutet Freeriding? Wenn Mountainbiker darüber zu diskutieren beginnen, ufert das meist aus und führt ins Leere. Bestenfalls enden Definitionsversuche mit einem versöhnend gemeinten „Freeriding heißt, genau so Rad zu fahren, wie man will". Und weil das genauso stimmt, kann es keine allgemein gültige Definition von Freeriding geben, denn unser Sport ist in höchstem Maße individuell – was gäbe es da zu definieren?

Wie wir freeriden, hängt davon ab, wie lange wir überhaupt schon Mountainbike fahren, wie gut wir das Bike im Griff haben, welches Bike wir fahren und nicht zuletzt davon, wo wir damit fahren und mit wem. Von Tagesform und Equipment ganz zu schweigen – schließlich hat man nicht immer Lust, mit einem Motocross-Helm auf dem Kopf durch die Gegend zu sausen. Freeriden bedeutet, nach Lust und Laune zu biken, selten mit Quälerei, immer mit hohem Spaßanteil.

Vergleicht man Freeriding mit anderen Formen des Mountainbikens, wird erst klar, wie stark sich unsere Variante des Sports davon abhebt: Beim Cross-Country-Racing kommt es auf Ausdauer an, die sich in Rundenzeiten ausdrückt. Auch beim anderen Extrem im Mountainbike-Kosmos, dem Downhill-Racing, unterwirft man sich der Regie des Zeitmessers. Und selbst Tourenfahrer, einst Inbegriff der Gemütlichkeit und in einigen Bereichen Vorbilder für uns Freerider (Transalp! Erstbefahrungen!), neigen neuerdings zu Leistungsvergleichen und Höhenmeterzählerei.

Ganz anders das Freeriding, eine Funsportart in Reinform mit einer unglaublichen Bandbreite: Die einen springen auf einem rostigen Hardtail über Ameisenhügel, die anderen knattern mit einem Big-Bike Gardasee-Trails hinunter, und wieder andere vergnügen sich mit Freeride-Bikes im Bikepark. Freerider gehorchen nur einer Regel: maximalen Spaß, bitte! Sie sind bekennende Hedonisten, doch sind sie durchaus bereit, für ihren Spaß etwas zu leisten, schließlich ist Freeriden auch anstrengend. Für die meisten Freerider ist es selbstverständlich, dass sie sich ihren Abfahrtsspaß selbst erkurbeln, denn sonst wären sie ja fast schon Downhiller. Und genau von diesen hat sich die Freeride-Szene Ende der 1990er-Jahre abgespalten, um jenseits der abgesperrten Strecken und Zeitmessanlagen ihr Glück zu suchen.

WANN BEGINNT FREERIDEN?

Auch wenn wir es nicht hören wollen: Freeriding ist ursprünglich ein Marketing-Begriff.

Nachdem sich das Snowboard-Freeriding zu Beginn der 1990er-Jahre entwickelt hatte, versuchte ein Mountainbike-Hersteller einen Imagetransfer. Fast parallel zum Schnee-Freeriding hatte sich an Vancouvers Northshore eine spezielle Art von Mountainbiken entwickelt. Das Gelände, geprägt von uralten Zedernholzbeständen und morastigem Boden, erforderte besondere Maßnahmen: Um in diesem Gehölz biken zu können, wurden Hindernisse und Baumstämme mit klapprigen Holzkonstruktionen überbrückt. Das Radfahren darauf erforderte Mut und Geschicklichkeit und war deshalb ideal für Videoaufnahmen, denn kleine Fahrfehler zogen spektakuläre Stürze nach sich. Im Jahre 1998 erschien der erste große, kommerzielle Film, der gleich international Fans fand: „Kranked". Doch nicht nur in Nordamerika war die Zeit reif für eine neue Art des Mountainbikens.

Weltweit hatte Mountainbiken in der Mitte der 1990er-Jahre einen Boom erlebt, war in Europa zum Breitensport geworden, mit Hunderten von Teilnehmern bei Downhill- und Tausenden bei Marathonrennen. Schon immer hatte es Fahrer gegeben, die lieber bergab als bergauf fuhren, aber mit Downhillrennen nichts anfangen konnten: Tourenfahrer mit einem Fokus auf den Bergabspaß. Ohnehin waren die Downhillbikes von 1995 und 1996 aus heutiger Sicht eher Freeride-Bikes, denn

» HISTORY

Biken an der Northshore. Der kanadische Spieltrieb gab dem Radfahren neue Impulse.

Die Frorider aus Vancouver: sympathisch verrückt.

sie hatten maximal 12 Zentimeter Federweg und wogen um die 14 Kilogramm. Damit konnte man durchaus noch bergauf kurbeln.

Es waren einige technische Entwicklungen, die schließlich die Geburt der Freeride-Bikes beförderten, allen voran die Bomber-Z-1-Federgabel von Marzocchi mit 10 Zentimeter Federweg und Stahlfederung im offenen Ölbad. So sensibel und schluckfreudig hatte sich keine Federgabel je zuvor gezeigt. Diese Gabel animierte viele Hersteller dazu, Rahmen zu konstruieren, an denen die Z 1 nicht deplatziert war, denn sie definierte den Begriff Fahrkomfort neu. So entstand eine Generation von Bikes mit einer downhilltauglichen Gabel, gekröpftem Lenker, breiten Reifen und Dreifachkettenblatt.

Im Jahre 1998 schließlich machte sich der amerikanische Aluminiumspezialist Cannondale zum Gespött der Bike-Szene, als die Firma sich den Begriff „Freeride" markenrechtlich schützen lassen wollte. Schon im Jahr zuvor war das Wort erstmals in Mountainbikemagazinen aufgetaucht, der erste „Freerider"-Test war in BIKE 4/97 erschienen. Zuvor waren Mountainbikes, die die Lücke zwischen Cross-Country und Downhill füllten, als „Allrounder" oder „Fun-Downhiller" bezeichnet worden.

Der damalige Test-Redakteur Markus Greber, ein passionierter Snowboarder, war auf der Suche nach einer griffigen Beschreibung des Einsatzgebiets der neuen Bike-Generation auf „Freeride" verfallen.

Rocky Mountains Reaktion auf den Vorstoß von Cannondale waren die „Frorider". Der Bikehersteller aus Vancouver gründete das erste Freeride-Team weltweit unter bewusster Verballhornung des von Cannondale beanspruchten Freeride-Begriffs. Cary Evans, Daamian Skelton, David Watson, Brett Tippie und Wade Simmons traten als Stuntmen mit Afro-Perücken auf dem Kopf auf. Ihr Motto war völlig daneben: „Big hair, big air!" So gerieten sie in Gefahr, zu Bike-Clowns zu werden, denn auch die Handlungsstränge in ihren Filmen waren reichlich albern. Doch ihre geschmeidige Fahrtechnik, gekoppelt mit übernatürlichem Mut und einer Menge Experimentierfreude, bescherte ihnen bald eine riesige Fangemeinde in Europa (in Nordamerika waren sie dagegen weniger bekannt).

Von da an nahm Freeriding eine rasante Entwicklung. Der Sport verkörperte in perfektem Maß die Aspekte, die das Mountainbiken im Kern ausmacht: Athletik, Mut und Fahrvergnügen. Damit konnten sich sowohl Cross-Country-Racer als auch Downhiller identifizieren, und so wurde Freeriding in den Medien zum Synonym für das Mountainbiking. Poster und Videos zeigten von Jahr zu Jahr spektakulärere Manöver, für die

Ein Meilenstein der Technik: Marzocchis Bomber Z 1.

Big falls, big balls: Wade Simmons prägte das Freeriden.

sich schnell der Begriff „Stunt" einbürgerte. Josh Bender sprang im kanadischen Kamloops elf Meter in die Tiefe. Die Landung ging zwar schief, doch das Bild von dieser schmerzhaften Pioniertat dafür um die Welt.

In den folgenden beiden Jahren ging es dann darum, tiefe und weite „Drops" möglichst elegant zu bewältigen. Sechs oder acht Meter tiefe Sprünge wurden bald zur Routine. Gleichzeitig wurden die Mountainbikes immer extremer, denn normales Serienmaterial brach reihenweise, was zu gefährlichen Stürzen führen konnte. Freeride-Bikes hatten mit 24 Zentimetern auf einmal mehr Federweg als Downhillbikes. Der Sport lief Gefahr, zum reinen „hucking", zum Runterstürzen, zu werden. Die Szene spaltete sich. Einige Downhillfahrer belächelten Freerider wie Josh Bender und bescheinigten ihnen mangelhafte Fahrtechnik. Mit dem Abdriften ins Extreme wurde eine weitere Entwicklung notwendig: Freeride-Bikes für Normalfahrer. Der Spitzensport, wie er in den Videos und auf Bildern transportiert wurde, war kaum noch vereinbar mit den Vorstellungen der Normalfahrer von Freeriding. Das erfolgreiche Modell „Enduro" von Specialized gab bald der ganzen Gattung einen Namen. Das Bike wog etwa 13 Kilo und hatte 13 Zentimeter Federweg vorn und hinten – damit konnte man es bergab schon ganz schön krachen lassen.

Die Entwicklung des Freeridens zur reinen Mutprobe

Josh Benders Jah-Drop in Kamloops, B. C.: Das Bild ging um die Welt.

» **HISTORY**

Man beachte die Straßenbemalung. Leider stürzte Dave Watson im Auslauf.

hatte bald ein Ende, als Youngsters wie Darren Berrecloth damit begannen, in überschaubare Sprünge Tricks wie 360-Grad-Rotationen einzubauen. Die neue Generation der Fahrer hatte ihre ersten Erfahrungen auf BMX-Bikes gesammelt und schuf damit die Verbindung zwischen diesen beiden Sportarten. Abermals stand die Wintersportszene Pate für den Namen der neuen Disziplin: Slopestyle. Auch diese Art des Freeridens entpuppte sich als äußerst werbewirksam. Heute werden in großen Städten Wettkämpfe über riesige Sprünge abgehalten und ziehen Zehntausende von Zuschauern an. Auto- und Brauseherstellar werben mit den Fahrern, die zu Freeride-Helden stilisiert werden. Videos mit den neuesten Tricks verkaufen sich wie geschnitten Brot.

Die Slopestyle-Welle hält bis heute an, wenngleich es immer wieder Kritiker (auch unter den Wettkampffah-

Slopestyle-Events bringen den Sport einem breiten Publikum näher.

rern) gibt, die bemängeln, dass die City-Events auf Holzrampen und Asphalt nur noch wenig mit Mountainbiking zu tun hätten. Dennoch ist Slopestyle ein wichtiges Vehikel dessen, was die Idee des Freeridens verkörpert, auch wenn es vom Wettkampfgedanken und vom Kommerz korrumpiert ist. Gemeinsam mit Downhill und Bikercross bildet Slopestyle die extremen Randbereiche des Freeride-Kosmos. Im Zentrum der Bewegung stehen aber die Tausende von Bikern, die in den Bikeparks dieser Welt ihr Glück suchen. Bikeparks sind das Herz der Freeride-Welle, denn hier können sich Freerider austoben und ihre Fahrtechnik verfeinern. Die Parks mit ihren anfängerfreundlichen Strecken ermöglichen es Sportlern nahezu aller Altersgruppen zu fühlen, was Freeriding bedeutet. Hier entscheidet sich über kurz oder lang, ob Freeriding zum Breitensport wird, vergleichbar dem Skifahren.

Namensgeber einer Bike-Gattung: das Specialized „Enduro FS".

» BIKES

WELCHES BIKE
für welchen Einsatzbereich?

Wie unterschiedlich die Anforderungen an Mensch und Material in den verschiedenen Disziplinen sind, zeigt ein Blick auf die Bikes auf den folgenden Seiten.

» BIKES

Diese Bikes sind die Einstiegsdroge ins Freeride-Biken. Sie liefern zwischen 10 und 13 Zentimeter Federweg an Vorder- und Hinterrad und sind so leicht gebaut, dass man mit ihnen auch noch einen Marathon bestreiten kann. Für viele Fahrer mit Schwerpunkt auf Ausdauer und Höhenmeter sind All-Mountain-Bikes die erste Wahl.

Wie bei allen freerideorientierten Bikes ist neben einer angenehmen Geometrie das Fahrwerk entscheidend. Aus Gewichtsgründen finden hier fast ausschließlich Luftfederbeine Verwendung. Wegen des relativ geringen Federweges kommt es dabei vor allem auf ein geringes Losbrechmoment und eine sehr gute Dämpfung an. Wer häufig lange Asphaltanstiege bewältigt, sollte darauf achten, dass vor allem im Dämpfer ein wirkungsvolles Anti-Wipp-System steckt. Trotz des geringen Gewichtes erzielen gut konstruierte All-Mountains dank Steckachsen-Systemen (z. B. „QR15" von Fox) und 1,5-Zoll-Steuerrohren beeindruckende Steifigkeitswerte.

In Fachzeitschriften firmieren die All-Mountain-Bikes auch unter der Kategorie „Enduro". Diesen Namen verdanken sie einem erfolgreichen Modell der Marke Specialized, das die Gattung der Leichtfreerider begründete. Als das Specialized „Enduro" im Jahre 2001 auf den Markt kam, hatte es allerdings magere 12,5 cm Federweg und 2,2-Zoll-Reifen. Heutige Bikes dieser Klasse federn bis zu 15 cm tief ein und haben griffige 2,4 Zoll breite Stollenreifen.

Eines der leichtesten All-Mountain-Bikes: Scott Genius.

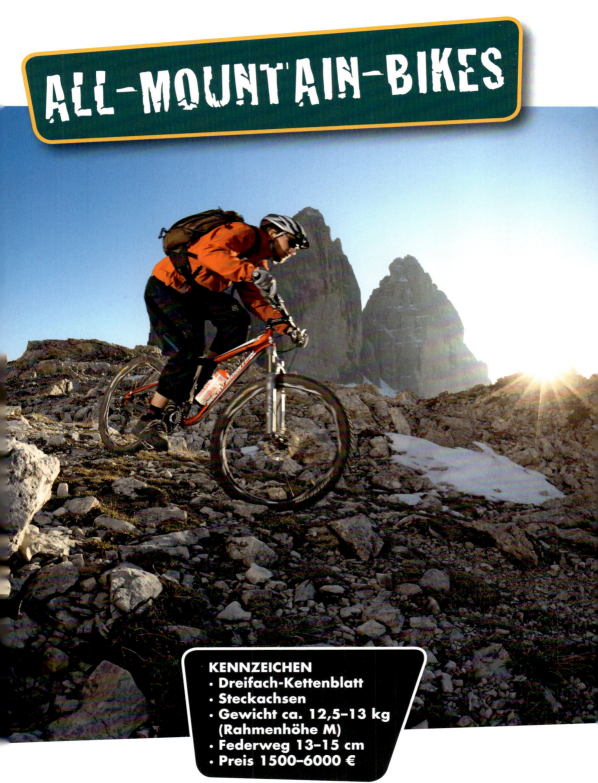

ALL-MOUNTAIN-BIKES

KENNZEICHEN
- Dreifach-Kettenblatt
- Steckachsen
- Gewicht ca. 12,5–13 kg (Rahmenhöhe M)
- Federweg 13–15 cm
- Preis 1500–6000 €

 » **BIKES**

FREERIDE-BIKES

Freeride-Bikes fühlen sich in Bikeparks am wohlsten, denn es gibt mehrere Gründe, die das Bergauffahren verleiden. Da ist zum einen das Gewicht von 16–18 kg. (Bikes um die 15 kg zählen zu den Leichtfreeridern und haben meist zu leichte Reifen, die vor jedem Durchschlag kapitulieren.) Zum anderen ist die Sitzposition vieler Freeride-Bikes nicht auf Uphills ausgelegt: zu beengt die Oberkörperhaltung, zu kurz die Sitzrohrlänge selbst bei großem Rahmen. Diese scheinbaren Mankos werden mit enormer Stabilität und maximalem Fahrspaß ausgeglichen: Freerider sind fast durchweg mit Stahlfederung ausgerüstet und auf maximalen Fahrkomfort getrimmt. Zudem lassen sie sich leichthändig steuern und geben mit ihrer Geometrie Selbstvertrauen für Sprungeinlagen.

Einigen Herstellern ist der Kompromiss aus Uphill- und Downhillqualitäten so gut gelungen, dass man nicht einmal einen Lift benötigt, sondern noch bequem selbst treten kann, so beispielsweise beim Trek Session 88 FR.

Ein Klassiker unter den Freeridern: Kona Stinkee.

KENNZEICHEN
- 9–18 Gänge
- Gewicht selten unter 15 kg
- Federweg 16–18 cm
- Preis 1500–4000 €

 » BIKES

Hardcore-Freerider/ Big-Bike

Dies ist die Klasse von Bikes, zu denen die Freeride-Profis greifen, wenn sie zu Wettkämpfen wie der „Rampage" in Utah oder zu Dreharbeiten ausrücken. Kurz: wenn es auf maximale Federung und Stabilität ankommt. Bei den meisten Bikes dieser Gattung spielt ein handliches Fahrverhalten keine Rolle mehr, denn bei extremen Fahrmanövern gleichen Geschwindigkeit und Fallhöhe das aus. Wer als Normal-Biker mit einem solchen Bike liebäugelt, muss daran denken, dass er häufig mit den negativen Wirkungen der Schwerkraft zu tun haben wird. Denn das hohe Gewicht und die dicken Reifen machen bereits das Rollen in der Ebene zum Kraftakt. Bei kleinen Sprüngen und Drops muss man wegen des trägeren Fahrverhaltens mit hohem Krafteinsatz agieren. Für den „normalen" Bikepark-Einsatz ist ein Freerider daher meist die bessere Wahl. Anders sieht es da im extremen, naturbelassenen Gelände aus. Wer häufig auf felsdurchsetzten Alpentrails unterwegs ist, die per Seilbahn erschlossen sind, darf ruhig einmal von einem Big-Bike träumen.

Fürs Grobe: Ghost Northshore 800, Gewicht ca. 17,5 kg.

KENNZEICHEN
- 9 oder 18 Gänge
- Gewicht meist über 18 kg
- Federweg über 18 cm vorn
- Preis 2500–5000 €

» BIKES

KENNZEICHEN
- Einfachkettenblatt
- Doppelbrückengabel
- Gewicht über 18 kg
- Federweg 18–22 cm vorn, bis zu 25 cm hinten
- Preis meist über 3000 €

Downhillbike

Aus reinrassigen Downhillbikes haben sich einst die Freerider entwickelt. Diese Bikes sind auf Wettkampfeinsatz ausgelegt, was sich in einem enormen Federweg und in einer leicht gestreckten, tiefen Sitzposition niederschlägt. Die leicht gestreckte Haltung ist nötig, um das Körpergewicht ideal auf Vorder- und Hinterrad verteilen zu können. Eine möglichst flache Position sorgt für einen tiefen Schwerpunkt der Einheit aus Fahrer und Bike. Federung und Geometrie lassen sich meist auf die Streckenverhältnisse anpassen, denn nicht für alle Strecken ist beispielsweise der maximale Federweg ideal. Die Komponenten sind primär auf Stabilität ausgelegt, denn ein Defekt bedeutet das Ausscheiden aus dem Rennen. Das gilt vor allem für die Laufräder und die Reifen. Häufig kommen hier schlauchlose Systemlaufräder zum Einsatz. Da der Markt für diese Art von Bikes sehr klein und individuell ist, werden Downhillbikes in der Regel „custom made" auf der Basis eines Rahmensets aufgebaut.

Zwischen Big-Bike und Downhill: Rocky Mountain Flatline.

» BIKES

KENNZEICHEN
- Hardtail
- Federweg 8–10 cm
- Gewicht 11–13 kg
- Preis 600–2000 €

Dirtbike

Wer sein Dirtbike beherrscht, wird kaum ein besseres Verhältnis aus Preis und Fahrspaß finden, denn diese Bikes sind echte Minimalisten und deshalb nicht besonders teuer. An Federung genügen kurzhubige Gabeln, die vor allem stabil sein müssen, denn sie sollen den einen oder anderen Patzer bei der Landung wegstecken. Eine Hinterradfederung ist überflüssig, sie würde das Absprungverhalten auf den harten Rampen negativ beeinflussen. Auf eine Gangschaltung verzichten die meisten Dirtbiker gerne, ebenso wie auf die Vorderradbremse, was allerdings für Anfänger nicht empfehlenswert ist. Selten sind Dirtbikes wegen dieser Minimalausstattung schwerer als 13 kg, was gemeinsam mit der agilen Geometrie ein quirliges Fahrverhalten ergibt: fast wie ein BMX-Rad auf großen Rädern — aber vielseitiger und komfortabler.

Klein und knackig: Dirtbikes.

» BIKES

Dualbike

Im Unterschied zu reinrassigen Dirtbikes sind Dualbikes gewichtsoptimiert und verfügen über einen längeren Radstand. Sie sind Spezialisten für die Race-Disziplinen Four-Cross, Bikercross und Dual-Slalom (daher der Name). Auch sie kommen deshalb mit geringen Federwegen von etwa zehn Zentimetern aus, allerdings sind sie häufig hinten gefedert, um in der Rennhektik zu kurz geratene Sprünge wegzuschlucken. Zur Effizienzmaximierung werden sie meist mit Klickpedalen gefahren, denn ein schneller Start ist bei diesen Rennen entscheidend. Auch eine Gangschaltung ist obligatorisch, damit immer die optimale Übersetzung aufliegt. Obwohl Dualbikes häufig recht filigran gebaut sind, fliegen ihre Piloten mit ihnen bis zu 15 Meter durch die Luft – ein Beweis für ihre ausgereifte Fahrtechnik, aber auch für ihren Mut.

KENNZEICHEN
- **Selten vollgefedert**
- **Federweg 8–12 cm**
- **Gewicht 11–13 kg**
- **Preis 1000–2500 €**

Leicht und steif: Hardtails liefern im Four-Cross den besten Vortrieb.

» BIKES

KENNZEICHEN
- Vollgefedert
- Federweg 13–16 cm
- Gewicht 13–15 kg
- Preis 1500–3500 €

Slopestyle-Bike

Ähnlich wie Downhillbikes sind Slopestyle-Bikes vor allem auf Wettkämpfe ausgelegt. Sie haben eine Geometrie, die sich an der von Dirtbikes orientiert, häufig allerdings einen etwas längeren Radstand, der eine gewisse Stabilität gewährleisten soll. Die Federung soll die härtesten Stöße nehmen, darf aber keinesfalls das Absprungverhalten an den steilen Rampen verfälschen. Deshalb ist die Federung eher spartanisch und für grobes Gelände kaum ausreichend. Slopestyle-Bikes sind also Spezialisten mit eingeschränktem Einsatzbereich. Wer allerdings bevorzugt im Bikepark fährt und dort das raue Gelände meidet, für den dürfte ein Slopestyle-Bike genau das Richtige sein, um den Slopestyle-Profis wie Amir Kabbani und Andreu Lacondeguy nachzueifern.

Mini-Freerider: Slopestyler sind kompakter und haben weniger Federweg.

Sinnvolle Komponenten
für Freerider

Viele der vorher aufgeführten Bikes verfügen natürlich über die meisten der im folgenden vorgestellten Bauteile. Dennoch möchten wir einen Blick auf die Komponenten werfen, die ein gutes Freeride-Bike auszeichnen. Denn so lässt sich gegebenenfalls auch ein älteres Bike auf den neuesten Stand bringen, ohne dass gleich eine Neuanschaffung nötig ist. Auch ist es möglich, aus einem guten Freerider einen besseren zu machen, beispielsweise mit einem Satz neuer Reifen, denn die bestimmen gemeinsam mit der Federung das Fahrverhalten am meisten.

Mit neuen Komponenten lässt sich auch der Einsatzbereich eines Bikes verändern. So wird mit leichteren Reifen und einem Dreifachkettenblatt ein Big-Bike zum wendigen Touren-Freerider. Andersherum lässt sich ein All-Mountain-Bike prima zum Freerider aufmöbeln, mit dem man im Bikepark nicht hinter den Kumpels zurückstecken muss. Auf diese Weise kommen viele Sportler mit nur einem Bike aus, was nicht nur Geld, sondern auch Platz in der Garage spart.

FAHRWERK UND FEDERUNG

Das A und O eines guten Freeride-Bikes ist natürlich ein Fahrwerk, das für Fahrsicherheit sorgt. Grundlage dafür ist eine funktionierende Kinematik, also eine gut gewählte Anordnung der verschiedenen Gelenkpunkte, an denen das Hinterrad aufgehängt ist. Sowohl Eingelenkrahmen, als auch Mehrgelenk- und Viergelenkkonstruktionen können exzellent funktionieren. Generelle Aussagen über die einzelnen Systeme lassen sich nicht treffen. Hinzu kommt, dass die Hinterradfederung nur dann optimal funktioniert, wenn sie mit dem richtigen Dämpfer arbeitet. Dahinter versteckt sich ein komplexes Abwägen zwischen Dämpferlänge, Federweg, Federhärte und dem Einstellbereich des Dämpfers. Doch keine Sorge, etablierte Bike-Hersteller greifen hier auf langjährige Erfahrungen zurück, ihnen gelingt diese Kombination im Schlaf. Betrachtet man Dämpfer und Gabeln isoliert vom Rahmen, so gilt: Nur hochwertige Federelemente vereinen Langlebigkeit und Komfort. Dabei ist es

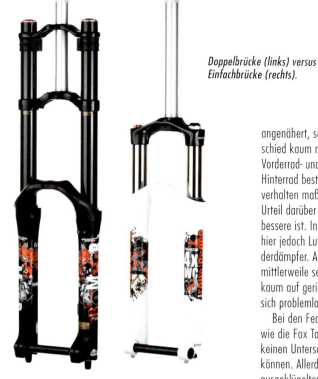

Doppelbrücke (links) versus Einfachbrücke (rechts).

grundsätzlich egal, ob mit Luft oder Stahl gefedert wird, denn mittlerweile kann die Federungstechnik als ausgereift gelten, und es gibt nur marginale Unterschiede, die vor allem Spezialisten ins Auge fallen. Gerade All-Mountain-Bikes sind häufig vorn und hinten mit Luftfederung ausgerüstet, denn bei dieser Klasse der Freeride-Bikes kommt es auf ein relativ geringes Gewicht an.

Luft- oder Stahlfeder:
Noch immer eine Glaubensfrage?

Vor nicht allzu langer Zeit sorgte diese Frage für Grundsatzdiskussionen unter Bikern. Doch in den vergangenen Jahren hat sich in der Federungstechnik viel geändert. Die Luftfederung hat sich der Stahlfederung immer mehr angenähert, sodass wenig sensible Fahrer den Unterschied kaum mehr spüren. Grundsätzlich gilt es, zwischen Vorderrad- und Hinterradfederung zu unterscheiden. Am Hinterrad bestimmt die Hinterbaukinematik das Federverhalten maßgeblich, sodass sich kaum ein generelles Urteil darüber fällen lässt, welches Federmedium das bessere ist. In den allermeisten Fällen funktionieren hier jedoch Luftdämpfer genauso gut wie die Stahlfederdämpfer. Aus diesem Grund finden sich Luftdämpfer mittlerweile selbst in Downhillbikes, bei denen es ja kaum auf geringes Gewicht ankommt, denn sie lassen sich problemloser und feiner justieren.

Bei den Federgabeln gibt es mittlerweile Modelle wie die Fox Talas, bei denen selbst erfahrene Testfahrer keinen Unterschied zur Stahlfedergabel herausfinden können. Allerdings haben viele Modelle auch bei ausgeklügelten Systemen das Problem einer degressiven Federkennlinie (Stahlfedern haben eine harmonische, lineare Kennlinie). Trotz der volumenreichen Niederdrucksysteme, mit denen die Charakteristik einer Stahlfeder nachgeahmt werden soll, neigen zahlreiche Luftfedergabeln im steilen Gelände zum tieferen Eintauchen. Dadurch steht weniger nutzbarer Federweg zur Verfügung. Die beschriebene Charakteristik findet sich nicht bei allen Modellen in gleichem Maße, ist aber meist doch spürbar. Gerade bei langen Federwegen von über 16 cm haben deshalb Stahlfedergabeln immer noch die Nase vorn.

Eine ideale Kombination aus beidem bieten luftunterstützte Stahlfedergabeln, denn die lassen sich mittels Luftpumpe exakt justieren und verfügen über Komfort und Schluckvermögen einer Stahlfedergabel. Reine Stahlfedergabeln dagegen lassen sich nur mittels Federntausch exakt auf das Fahrergewicht abstimmen. Serienmäßig sind die Gabeln nahezu aller Hersteller auf einen Biker von 75 Kilo justiert. Wer deutlich davon abweicht, muss einen Satz neuer Federn beim Kauf einkalkulieren.

Gegen das Wippen:
Lockout- oder Plattformsysteme

Freerider, die sich nur in Bikeparks tummeln, können das Thema „Anti-Wipp-Systeme" ausblenden. Alle anderen, die sich ihre Abfahrt mit eigener Beinkraft erkämpfen, stehen vor der Frage, wie sie dabei ihrer Federung das Wippen verbieten können. Dabei gibt es zwei technische Möglichkeiten, die immer weiter verfeinert worden sind:

850 Gramm (oben, Feder) gegen 500 Gramm (unten, Luft).

» PARTS

Lockout- und sogenannte Plattformsysteme. Beim Lockout wird die Federung per Knopfdruck elektronisch oder mechanisch einfach ausgeschaltet, das ist ideal für lange Auffahrten auf Straßen, auf denen kein Fahrkomfort nötig ist. Findige Hersteller wie Specialized bieten sogar intelligente Lockouts („The Brain") an, die sich selbst ein- und ausschalten.

Plattformsysteme dagegen arbeiten fast automatisch. Langsame Federbewegungen werden erkannt und führen dazu, dass sich das Federbein verhärtet. Diese Systeme stellen also eine „Plattform", einen gewissen – im besten Fall einstellbaren – Schwingungsbereich zur Verfügung, in dem die Federung geschlossen bleibt. Bei schnellen Schlägen jedoch öffnet sich die Federung sofort. Sowohl Gabeln als auch Dämpfer mit Plattformsystemen haben Stellhebel, mit denen sich die Plattform zuschalten lässt. Wäre die Plattform beim Bergabfahren noch geschlossen, wäre das Ansprechverhalten (die Feinfühligkeit) der Federung schlecht, man würde Fahrkomfort „verschenken".

Abstimmung der Federung

Es wäre schade, wenn die hochwertigen Fahrwerke, auf denen die aktuellen Bikes stehen, nicht ordentlich funktionieren würden. Zwei Schritte führen zur optimalen Justage der Federung. Zunächst geht es darum, den Negativfederweg („Sag") zu prüfen. Das ist der Weg, um den die Federung beim Aufsitzen des Fahrers eintaucht. Im zweiten Schritt wird die Dämpfung justiert, die die Einfeder- und Ausfedergeschwindigkeit reguliert.

Der richtige Negativfederweg garantiert nicht nur optimalen Fahrkomfort, da er hilft, ermüdende, feine Erschütterungen zu filtern. Die richtige Justage sorgt zudem dafür, dass die Reifen ständig satten Bodenkontakt haben und der Schwerpunkt des Gesamtsystems „Bike-Biker" nicht unnötig hoch liegt.

Die Dämpfungseinstellung hat ähnliche Auswirkungen auf das Fahrwerk. Ziel ist es, keinen Komfort zu verschenken (mit einer zu starken Dämpfung). Dabei muss auf jeden Fall verhindert werden, dass die Federung zu schnell in die Ausgangsposition zurückschnellt und damit Unruhe ins Fahrwerk kommt.

1. Einstellen des Negativfederwegs („Sag")

Stell dich (sanft!) in die Grundposition auf deinem Bike und kontrolliere, wie tief die Federung eintaucht. Ein Kabelbinder, am Standrohr der Gabel befestigt, kann als „Messfühler" dienen. Auch an einem Stahlfederdämpfer lässt sich der Kolbenhub so messen.

Wie groß der Sag sein soll, ist abhängig vom Bike. Hier sollte man sich an den Herstellerangaben orientieren. Manche Hinterbausysteme benötigen einen Sag von bis zu 50 % des Gesamthubs, andere Gabeln dagegen nur 20 %.

Empfehlenswert ist ein getrenntes Vorgehen. Gleichzeitige Veränderungen an Gabel und Dämpfer überfordern schnell das Wahrnehmungsvermögen.

Mit einem Druck aufs Oberrohr kann man am Ende der Justage prüfen, ob das Fahrwerk gut ausbalanciert ist. Stimmt die Balance, federn Front und Heck harmonisch ein.

2. Einstellen der Dämpfung

Hinterraddämpfung: aus der Grundposition (rechts) in die Federung fallen lassen.

Vorderraddämpfung: mit versteiften Armen auf die Gabel fallen lassen.

DIRTBIKES
Die Federgabel soll nur die ärgsten Schläge schlucken. Sie dient als Notpuffer für verpatzte Landungen. Würde sie beim Absprung stark einfedern, könnte sich eine ungewünschte Flugkurve ergeben – bis hin zur fatalen Nasenlandung. Spezielle Dirt-Gabeln sind deshalb von Haus aus deutlich härter eingestellt. Die meisten Dirt-Fahrer stellen sie so ein, dass sie beim Aufsitzen noch nicht eintaucht. Die Dämpfung sollte straff eingestellt sein, sodass die Gabel nur einmal nachwippt, nachdem sie eingefedert hat.

ALL-MOUNTAIN
Bei dieser Kategorie von Bikes kann man sich an die Herstellerangaben halten. Meist wird ein Negativfederweg („Sag") von 20–30 % empfohlen. Der Sag wird mithilfe von Kabelbindern an den Standrohren ermittelt, sobald der Fahrer in der Grundposition auf dem Bike steht (nicht: sitzt!).

Die Dämpfung sollte recht agil funktionieren, sodass Gabel und Hinterbau (gleichmäßig!) eineinhalb Mal nachwippen, nachdem sie eingefedert haben.

FREERIDER UND BIG-BIKES
Diese Bikes bieten einen gewissen Spielraum bei der Abstimmung. Zunächst einmal kann man hier abhängig vom Terrain arbeiten. Für einen Tag im Bikepark kann man die Federung ruhig einen Tick weicher einstellen als für die Bergtour, bei der bergauf gekurbelt wird.

Auch hier sind die verschiedenen Herstellerangaben maßgeblich. Als Faustregel für Freeride-Bikes gilt jedoch: Nie mit weniger Sag fahren als 1/3 des Federwegs, denn sonst verschenkt man Fahrkomfort und -sicherheit. Die Dämpfung sollte auch hier agil eingestellt werden, um ein träges oder bockiges Fahrverhalten zu vermeiden. In der Standardeinstellung sollen Gabel und Hinterbau eineinhalb Mal nachwippen, nachdem sie eingefedert haben. Vor größeren Sprüngen und Drops kann man die Zugstufe dann so stark drosseln, dass die Federung nur noch in Zeitlupe ausfedert.

 » PARTS

REIFEN: Neue Runde gefällig?

Im Verhältnis zum Preis sind Reifen die Komponenten, mit denen sich das Fahrverhalten am nachhaltigsten verändern lässt, denn mit einem Satz neuer Reifen für etwa 100 Euro kann man den Charakter seines Bikes völlig verändern. Nach Geometrie und Federung sind es die Reifen, die über Top oder Flop entscheiden. Physikalisch ist das ganz logisch, denn schließlich stellen sie die Verbindung zwischen Sportgerät und Untergrund her. Sie sind das Medium, das Lenkimpulse und Antriebskräfte an den Untergrund weitergibt. Viele Faktoren entscheiden darüber, was von den eingeleiteten Kräften schließlich umgesetzt wird.

Mittlerweile gibt es eine kaum überschaubare Auswahl an Stollenreifen für die verschiedenen Bike-Kategorien. Sie unterscheiden sich in drei Merkmalen: Reifenbreite, Karkassenstärke und Gummimischung.

Reifenbreite: Dick, aber nicht zu dick!

Dicke Reifen haben viele Vorteile. Erstens bieten 2,4 Zoll breite Pneus bereits 2,2 breiten Reifen gegenüber einen deutlich höheren Durchschlagschutz. Zweitens erhöhen die Dicken den Fahrkomfort, noch wichtiger jedoch: Sie verbessern die Traktion im Gelände, da die Kräfte über eine größere Fläche an den Untergrund geleitet werden können. Drittens reduziert ein großes Volumen, gekoppelt mit geringem Luftdruck, den Rollwiderstand auf grobem Untergrund. Denn die Reifen verformen sich und absorbieren Unebenheiten, über die die schmalen, harten Reifen das Gesamtsystem energiereich in Unruhe versetzen.

Karkasse und Gummierung: Auf die Feinheiten achten

Viele Reifenhersteller bieten ihre Modelle nicht nur mit verschiedenen Profilen und in unterschiedlichen Breiten an, sondern stellen zusätzlich mehrere Karkassenstärken zur Wahl. Das ist ein Angebot, das man als Kunde unbedingt wahrnehmen sollte. Die Karkasse ist das Gewebe, auf dem der Gummi des Reifens aufgebracht wird. Bei leichten Reifen kann das Gewebe aus drei Lagen bestehen, bei schweren aus sechs (die genauen Werte sind herstellerabhängig). Gemeinsam mit der Gummierung entscheidet die Karkasse darüber, ob ein Reifen schwer oder leicht ist. Zugleich bedeutet ein geringes Gewicht jedoch auch stets, dass der Reifen empfindlich für Durchschläge ist. Das ist auf felsreichen Highspeed-Pisten entscheidend. Wer hier mit einem Freerider mit sattem Federweg unterwegs ist, aber zu dünne Reifen aufgezogen hat, dem ist ein Schlauchwechsel auf jeder Abfahrt sicher, das ist die bittere Erfahrung der FREERIDE-Tester. In diesem Fall sollte man darauf achten, dass der Reifen mit einer zusätzlichen Gummilage verstärkt ist. Nicht für alle Fahrer jedoch ist dieses Aufrüsten nötig. Schließlich bringen diese verstärkten Reifen im Vergleich zu den Grundmodellen bis zu 300 Gramm mehr auf die Waage. Das addiert sich zu einem um 600 Gramm höheren Bike-Gewicht, das ständig beschleunigt werden muss.

Wer auf gemäßigten Trails und auf Waldboden unterwegs ist, wird mit leicht beschleunigenden Standardreifen wie dem „Nobby Nic" oder dem „Fat Albert" von Schwalbe sicher glücklich. Für härteren Einsatz kann man ja einen zweiten Satz Reifen bereithalten.

Snakebite: Spaßverderber für Freerider

Ein Snakebite (dt.: Schlangenbiss) ist für Biker nicht tödlich, aber immerhin eine Spaßbremse. Wenn Steine scharfkantig sind und mit hoher Geschwindigkeit angefahren werden, wird der Schlauch zwischen Reifen und Felge zusammengequetscht. Das Ergebnis sind zwei winzige, parallele Löcher, die einem Schlangenbiss ähneln.

Ein voluminöser Reifen mit dicker Karkasse sorgt am sichersten für weniger Snakebites. Hersteller wie Schwalbe bieten alle möglichen Zusatzoptionen wie verstärkte Laufflächen und dick gummierte Seitenwände. Sicherer vor Snakebites ist man mit Tubeless-Reifen. Dieses System kommt ohne Schlauch aus, setzt aber spezielle Laufräder bzw. Felgen voraus. Nur in Extremfällen kann hier der Reifen auf der Felge zerquetscht werden.

TELESKOP-SATTELSTÜTZEN:
Auf und ab auf Knopfdruck

Versenkbare Sattelstützen sind für All-Mountain-Bikes ideal. Mit einem Knopfdruck oder einem Hebelzug senkt sich der Sattel von der Uphill- in die Downhilleinstellung. Und das während der Fahrt, ohne lästiges Absteigen. Diese Funktion mag banal erscheinen, doch wer seine erste Tour in hügeligem Gelände mit einer Teleskopstütze hinter sich hat, ist sofort überzeugt und will das Utensil nie wieder hergeben. Die 250 bis 350 Gramm Mehrgewicht nimmt man gerne in Kauf, zumal Freerider es ja ohnehin nicht so mit der Gewichtsfuchserei haben. Erstnutzer der komfortablen Komponente sind erstaunt, wie oft sie den Absenkmechanismus benutzen – und wie viel mehr an Sicherheit sie dadurch auch auf kurzen Abfahrten gewinnen. Dabei steigt nicht allein das subjektive Sicherheitsgefühl auf Steilpassagen, auch das Kurvenfahren funktioniert bei niedrigem Schwerpunkt besser.

Wie auf der Couch: Mit Fernbedienung

Noch häufiger nutzt man die Tele-Stütze, wenn sie mit einem „Remote"-Mechanismus versehen ist, einer Fernbedienung. Dieser Zusatz wirkt zwar auf den ersten Blick dekadent bis überflüssig, doch verkürzt eine Fernbedienung die Reaktionszeit enorm und bietet unsicheren Fahrern den Vorteil, dass sie den Lenker fest im Griff behalten können. Der Nachteil eines Remote-Mechanismus liegt nicht nur in einem Aufpreis von bis zu 50 Euro, sondern auch darin, dass sich Bike und Sattelstütze zu Transportzwecken nicht schnell trennen lassen.

Auf den Hub achten

Die verschiedenen Modelle unterscheiden sich unter anderem in der Absenktiefe (Hub). Das Minimum stellen momentan 70 Millimeter dar, ein meist völlig ausreichender Wert. Nur für extreme Fahrsituationen wünscht man sich, dass die Stütze etwas tiefer versinkt. Momentan lassen sich hydraulische Systeme bis zu 122 Millimeter absenken – das reicht für jeden Downhill. Nicht alle Modelle lassen sich stufenlos versenken, sondern bieten eine mittlere und eine maximale Position. Einen Kompromiss muss man häufig auch in puncto Größe eingehen, denn viele Hersteller bieten ihre Stützen in nur einem Durchmesser an. Die Feinanpassung an das Sitzrohr geschieht dann mittels Reduzierhülsen.

Auf die Perfektion dieser Erfindung mussten Biker lange warten. Nun gibt es Tele-Stützen dutzendfach.

Ganz komfortabel: mit Fernsteuerung.

 » **PARTS**

PEDALE: Auf Schritt und Tritt

Auch über Pedale können Biker lang und breit philosophieren. Die einen bevorzugen die feste Bindung, die anderen die größtmögliche Freiheit. Manche setzen je nach Einsatzbereich mal auf Clickpedale, dann wieder auf Bärentatzen (sogenannte Flat-Pedals). Grundsätzlich gilt: Je länger und je anspruchsvoller der Uphill ist, desto eher lohnt es sich, mit Clickpedalen zu fahren. Denn hier steht der Fuß stets optimal über der Pedalachse, während man auf Bärentatzenpedalen häufig vor- und zurückrutscht und immer wieder die optimale Position finden muss. Soweit zu den Vorteilen bergauf. Auch bergab bieten Clickpedale Vorteile. Das macht sich auf extremen Rüttelpassagen bemerkbar, bei denen man auf Bärentatzen auch hin- und hertänzelt, während man auf Clickpedalen bombenfest steht. Aus diesem Grund bevorzugen die meisten Worldcup-Downhillfahrer die feste Bindung.

Trotzdem gehören Flat-Pedals genauso zum Freeriden wie dicke Reifen. Denn in gefährlichen Situationen bieten sie subjektiv ein Plus an Sicherheit, denn man kann sich schnell vom Rad lösen (auch wenn es mit Clickpedalen meist genauso schnell geht). Auch in langsamen Passagen, bei denen es aufs Gleichgewicht ankommt, sind sie die bessere Wahl: Wer mag schon auf einer meterhohen Holzkonstruktion noch einklicken wollen? Zudem schulen Flat-Pedals die Feinmotorik. Beispielsweise beherrscht man den Bunnyhop erst richtig, wenn er mit Flat-Pedals funktioniert, mit Clickpedalen tendiert man hier zum Pfuschen.

Den Grip der Flat-Pedals kann man im Shop bereits sehr gut beurteilen. Die Pins (das sind die Dornen, die der Schuhsohle Halt bieten) müssen nicht zentimeterlang sein, sollten sich vom Pedalkörper jedoch deutlich abheben. Hochwertige Pedale erkennt man meist an wechselbaren Pins, bei denen man über die Einschraubtiefe die Länge selbst justieren kann. Einen Schwachpunkt vieler Pedale stellt häufig die Lagerung dar. Eine doppelte Rillenkugellagerung sollte es schon sein. Wer sich für einen Satz Flat-Pedals entscheidet, sollte nicht vergessen, Schienbeinschoner zu kaufen, denn auch kurze Pins können enorme Narben auf den Beinen hinterlassen.

Um dem vorzubeugen, sind auch Turnschuhe mit weicher Gummisohle obligatorisch für Bärentatzen-Fahrer, denn nur mit ihnen hat man einen sicheren Stand auf den Pedalen. Empfehlenswert sind die Klassiker von Vans und anderen Skater-Marken. Auch Bike-Hersteller wie Marzocchi bieten empfehlenswerte Schuhe an.

Bärentatzenpedale heben den Freeride-Fan von anderen Bikern ab.

	Clickpedale	Flat-Pedals
Vorteile	ideale Kraftübertragung; mühelose Haftung auf ruppigen Strecken	Alltagstauglichkeit; Sicherheitsgefühl (auf schwierigen Strecken); größerer Lerneffekt bei Technikübungen
Nachteile	Spezialschuhe nötig; nicht alltagstauglich	Verletzungsgefahr beim Abrutschen; geringerer Halt

ANTRIEB: Neue Systeme

All-Mountain-Bikes fahren in der Regel mit einer ganz gewöhnlichen 3 x 9-, also 27-Gang-Schaltung. Für Freeride-Bikes dagegen stehen selten mehr als 18 Gänge zur Verfügung. Aufs große Kettenblatt verzichten Freerider gerne, denn einerseits wird es kaum benötigt, da es ohnehin nur zum Speedmachen in der Ebene genutzt wird. Andererseits findet sich an der Stelle des großen Kettenblatts meist ein Chainring, der die übrigen Zahnräder vor Zahnverlust an Baumstämmen und Steinen schützt. Zu dieser Kombination bieten sich neuerdings Alternativen. Sie heißen Truvative „Hammerschmidt" und Rohloff „Speedhub". Beim Truvative-System befindet sich ein Übersetzungsmechanismus innerhalb der Tretkurbeleinheit. Es bietet zwar nur zwei Gänge und ersetzt damit den Umwerfer, dafür jedoch lässt sich damit selbst unter Volllast schalten – ein Vorgang, den normale Kettenschaltungen meist mit Kettenriss quittieren.

Auch die Rohloff Speedhub mit 14 Gängen ist eine Alternative zur Kettenschaltung. Die Schaltnabe ist seit 1998 unverändert in Bau und kann gerade an Freeride-Bikes ihre Vorteile ausspielen, denn ihre einzigen (kleinen) Nachteile sind ein Preis von 900 Euro und ein etwa 200 Gramm höheres Gewicht im Vergleich zu einer Kettenschaltung. Mit einer Rohloff-Nabe braucht man weder Zahnausfall an den Kettenblättern noch abgerissene Schaltwerke und Ritzelverschleiß zu fürchten. Zudem bleiben einem die Probleme einer Kettenschaltung erspart: kein Kettenhüpfen im tiefen Schlamm, äußerst geringer Ketten-, kein Ritzelverschleiß. Und runterspringen kann die Kette auch nicht mehr. Auf Dauer lohnt sich also diese Investition, zumal eine hochwertige Schaltgruppe kaum weniger kostet. Einige Hersteller von Downhillbikes haben bereits Rahmen konstruiert, die eine Rohloff Speedhub aufnehmen können.

Schalten auch im Berg ist mit Hammerschmidt kein Problem.

 » PARTS

SCHUTZKLEIDUNG:
Lebensversicherung

Auch wenn wir es nicht immer hören wollen: Freeriding ist ein Risikosport. Für viele liegt der Reiz des Sports darin, gelegentlich Grenzen auszuloten. Damit das nicht schief geht, werfen wir einen Blick auf die Panzerung.

Helm – Fullface oder Halbschale?

Bei der Helmwahl sollte man sich nicht unbedingt an Profi-Fahrern in Videos orientieren, denn die segeln häufig mit Skater-Helmen und T-Shirts über enorme Klüfte – schließlich soll der Sport nach Leichtigkeit und Spaß aussehen, das Verletzungsrisiko wird ausgeblendet.

Ein sinnvolles Maß für die passende Helmwahl ist der gesunde Menschenverstand. Natürlich muss es kein Vollvisierhelm sein, wenn man zur Hausrunde ausrückt. In Bikeparks dagegen sollte dieser Rundumschutz selbstverständlich sein, schließlich stört er hier auch kaum noch den Fahrgenuss. Aus gutem Grund sind in vielen Bikeparks Vollvisierhelme vorgeschrieben.

Eine clevere Alternative stellen variable Helme dar, Halbschalenhelme also, an denen sich bei Bedarf ein Kinnbügel befestigen lässt. Falls man unterwegs auf einer „normalen" Tour also eine Mutprobe findet oder sich für eine Downhilleinlage entscheidet, kann man sich fix das Sicherheitsplus an den Helm klemmen. Zwar sind diese Helme nicht so stabil wie ein echter Vollvisierhelm, doch vor Zahnausfall schützen sie allemal.

Bei der Wahl eines Vollvisierhelms kommt es neben der optimalen Passform vor allem auf eine ordentliche Durchlüftung an. In diesem Punkt gibt es enorme Unterschiede zwischen den verschiedenen Modellen. Ist der Helm nicht optimal durchlüftet, kommt es im Hochsommer schnell zum Hitzestau, denn auch eine Freeride-Abfahrt kann enorm schweißtreibend sein. Bereits bei der Anprobe im Shop lässt sich im Vergleich gut erahnen, unter welchem Helm man einen kühlen Kopf behält.

Im Bikepark und für Downhiller obligatorisch: ein Vollvisierhelm.

Von den Skatern abgeschaut: Halbschalenhelm.

Ein heftiger Sturz bei der Red Bull Rampage in Utah 2007 – zum Glück ohne Brüche!

» PARTS

Protektoren – Anzug oder Einzelteile?

Eines vorweg: Wer plant, häufig in Bikeparks zu fahren, sollte sich einen Protektorenanzug zulegen. Rücken- und Ellenbogenprotektoren sind dort ohnehin Pflicht. Und die zusätzliche Polsterung an Brust und Schulter, die Protektorenjacken bieten, erweist sich meist schon beim ersten Sturz als sinnvoll. Zudem sitzen die einzelnen Polster einer Protektorenjacke deutlich besser. Momentan sind solche Jacken von etwa sieben Herstellern auf dem Markt. Die Preise liegen zwischen 150 und 230 Euro. Unterschiede gibt es vor allem in der Belüftung, die vom Trägermaterial und der Größe der Schutzpolster abhängt. Wichtig ist, dass die Polsterung unter den Plastikplatten üppig ist, denn sonst schützen diese nur vor den gröbsten Verletzungen, und es bleiben dennoch Schürfungen zurück. Passform und Verzurrung sind weitere Aspekte, denen man bei der Anprobe Beachtung schenken sollte. Einige Modelle erlauben es, den Rückenprotektor einzeln zu tragen. Dies ist eine gute Lösung für Touren, bei denen man auf Rückenschutz Wert legt.

Biken ist eine Risikosportart. Eine solche Jacke minimiert das Risiko.

Ein derart massiver Beinschutz zahlt sich auf lange Sicht immer aus.

Dieser Leichprotektor fürs Knie ist ideal für Touren.

Knieschoner

„Das kann doch nicht so schwer sein", denkt man sich beim Anblick eines Schienbeinprotektors. Und dennoch stellen die FREERIDE-Tester immer wieder fest, dass viele Knie- und Schienbeinschoner zum Verrutschen neigen oder ihre Befestigungsriemen in die Kniekehle einschneiden. Andere Modelle hinterlassen nach Stürzen heftige Schürfwunden, wenn die Polsterung unter den Plastikplatten ungenügend ist. All diese Makel lassen sich bereits bei einer Anprobe im Bikeshop abschätzen – im Zweifelsfall dadurch, dass man sich mit angelegten Schonern beherzt vor die Füße des Verkäufers wirft. Selbst aufwendige Modelle mit Scharnier schützen nicht unbedingt vor Schrammen.

Eine rutschfeste Version stellen getrennte Schützer für Schienbeine und Knie dar, wie sie beispielsweise Sixsixone anbietet. Manche Fahrer sind neuerdings, angeregt von Fotoaufnahmen von Profis, mit reinen Knieschonern unterwegs. Für eine Vielzahl von Stürzen reicht ein solcher Schutz durchaus, zumal diese Modelle kaum auftragen und selbst beim Bergauffahren kaum stören.

KLEINZEUG:
Ausrüstung für die Tour

Rob J hat sich viele Gedanken gemacht, was alles in einem Rucksack stecken sollte. Jetzt steht sein „Fun-Pack" immer Gewehr bei Fuß — egal, ob für das große Abenteuer oder die kleine Runde.

1. Freeride-Rucksack mit eingebautem Rückenschutz, ca. 100 €
2. Taschenlampe: für knifflige Reparaturen und alle Fälle.
3. Mini-Tool: unbedingt mit den Schrauben am Bike abgleichen!
4. Dämpferpumpe: natürlich nur, wer sie braucht.
5. Flickset: aus Opas Reiserad geklaut.
6. Reifenheber: für zarte Hände oder sperrige Mäntel.
7. Trillerpfeife: zum Spaß, für Notfälle, gegen Bären.
8. Handy: für präzise Notrufe oder spontane Sehnsüchte.
9. Leatherman-Multitool: für komplizierte Operationen.
10. Nippelspanner: macht den Achter wieder grade.
11. Kabelbinder: für spontane Verbindungen.
12. Energieriegel: für den überraschenden Hunger.
13. Kamera: für spontane Heldentaten.
14. Schläuche: fehlen sie, kommt garantiert der Plattfuß.
15. Pumpe: des Radlers Lieblingsutensil.
16. Regenjacke: im Hochgebirge überlebensnotwendig.
17. Erste-Hilfe-Set: am besten vorher ein bisschen damit üben.
18. Klappspaten: für sanfte Geländemanipulationen.

» FAHRER

Die Pros und ihre Bikes

Stefan Herrmann, Jahrgang 1964, vereint mehr als 25 Jahre Bikesport-Erfahrung in sich. Darin konnte er zahlreiche Deutsche-Meister-Titel im Downhill sammeln und wurde auch Weltmeister in der Masters-Klasse. Wer gute Resultate über eine so lange Zeit erzielt und den Sport hautnah mitgestaltet, kennt die Szene, neueste Entwicklungen und Trends. 1993 führte er den ersten Fahrtechnik-Schnupperkurs durch, 1993–95 war er Fahrtechnik-Nationaltrainer. Er produzierte zwei Fahrtechnik-DVDs, und seit 1998 besteht seine „MTB-Academy", die sich der optimalen Methodik des Mountainbikens verschrieben hat und die die erfolgreichste Mountainbikeschule Deutschlands ist.

» **FAHRER**

Amir Kabbani, Jahrgang 1989, ist der Shootingstar unter den deutschen Slopestylern. Als er 14 Jahre alt war, packte ihn das Freeride-Fieber. Er baute mit seinen Freunden im rheinischen Boppard zwei komplette Strecken auf und entdeckte dort seine Vorliebe für das Tricksen und Springen. 2006 fuhr er seine ersten großen Wettkämpfe und erhielt bald Verträge mit den großen Firmen der Branche. Mittlerweile mischt er bei Dirtjump- und Slopestyle-Contests ganz vorn mit. 2010 wurde er im FMB-Worldranking Zehnter und damit — wie so oft — bester Deutscher. Gerne schnuppert Amir auf seinen Freeride-Bikes auch mal Bergluft und fährt Freeride-Marathons und -Touren. Sein Dirtbike ist leicht und straff abgestimmt, sodass Trickkombinationen besser möglich sind.

» FAHRER

Robert Jauch, Jahrgang 1981, ist ein Multitalent. Er war jahrelang als Four-Cross-Racer schnell unterwegs, fährt heute Slopestyle- und Dirt-Wettkämpfe, fühlt sich aber ebenso auf Big-Mountain-Touren wohl. Ein echter Soulfreerider mit einem Hang zu ausgefuchsten Tricks. Rob fährt auf Touren ein Canyon Torque FR. Auf Dirts steht ihm ein Canyon Stitched zur Verfügung, das er nach seinen Wünschen spezifizieren ließ. Neben seinen Roadtrips und Reisen, von denen er jedes Mal atemberaubende Bilder mitbringt, fördert Rob seit einigen Jahren als Organisator von Jugendcamps den Nachwuchs.

Rob!

» FAHRER

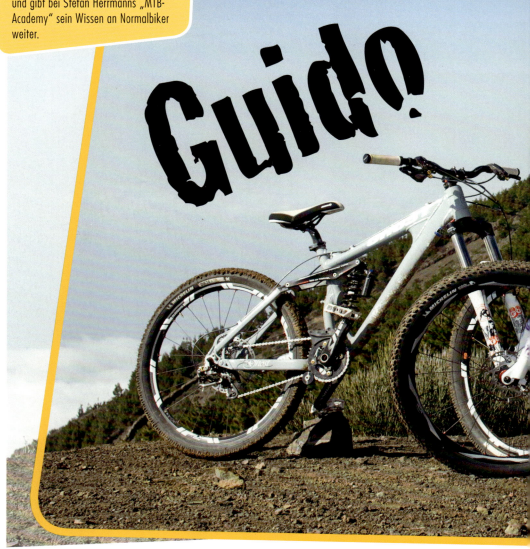

Guido Tschugg, Jahrgang 1978, ist seit Jahren der erfolgreichste deutsche Rennfahrer in den extremen Disziplinen. Im Worldcup fährt er im Four-Cross ganz vorn mit (2. Platz Gesamtwertung 2008), landet auch mal bei Downhillrennen weit vorn, und wenn er bei Wettkämpfen wie der Red Bull Rampage antritt, staunt die Konkurrenz über seinen Mut. Wenn er zwischen Training und Rennen Zeit findet, engagiert sich Guido in der Jugendarbeit und gibt bei Stefan Herrmanns „MTB-Academy" sein Wissen an Normalbiker weiter.

Fahrtechnik

Freeriden ist Kopfsache, denn nur mit einer sauberen Fahrtechnik hat man richtig Spaß auf dem Trail. Hier lernst du in systematischen Schritten von Profis, wie man Kurven meistert, springt und droppt.

» FAHRTECHNIK

BASICS: Richtiger Einstieg

Freerider sind immer auf der Suche nach Belohnungen – sei es die Abfahrt nach dem schweißtreibenden Uphill, sei es der Adrenalinausstoß nach dem geglückten Drop. Damit die Suche aufregend bleibt, lohnt es sich, ein wenig an der Fahrtechnik zu feilen, denn sonst herrscht schnell Stillstand. Amir, Stefan, Rob und Guido zeigen auf den folgenden rund 60 Seiten die perfekte Fahrtechnik für alle Situationen, die Freeriden ausmacht. Dabei haben sie auch für erfahrene Biker die eine oder andere Überraschung parat. Es lohnt sich, anhand der vorgestellten Sequenzen noch mal seinen eigenen Fahrstil zu checken, denn schnell haben sich Fehler eingeschlichen, die einen in so mancher Fahrsituation unsicher werden lassen. Und auch die ausgefahrenste Hausrunde wird wieder spannend, wenn man sich vornimmt, die sonst so schludrig durchrollte Kurve mal mit ordentlich Zug zu durchfahren.

Viel Spaß beim Einüben deiner neuen Fahrtechnik!

Vergiss dabei nicht: Mountainbiken ist eine Risikosportart. Wer leichtsinnig im Gelände unterwegs ist, riskiert hässliche Verletzungen. Schnell erreicht man Geschwindigkeiten, für die unser Körper schon nicht mehr ausgelegt ist. Und eine Knautschzone, wie es sie beim Auto gibt, bietet allenfalls unser Vorderrad.

> Deshalb:
> 1. Vergiss nicht die nötige Schutzausrüstung.
> 2. Taste dich vorsichtig an neue Bewegungen heran.

Die folgenden Tipps richten sich an fortgeschrittene Biker. Wer nach einer Fahrtechnik für Einsteiger sucht, findet Rat bei Holger Meyer: „Bike Fahrtechnik" und Haymann, Stanciu: „Alles übers Mountainbike".

Grundposition

Auf dem ebenen Schotterweg und beim Uphill sitzt man selbstverständlich im Sattel. Sobald es uneben wird, ist ein aktiver Fahrstil wichtig. Das bedeutet: raus aus dem Sattel!

Auch wenn's steil und schnell wird, bleibt Stefan in der Grundposition.

Ziel ist es dabei, eine ideale Gewichtsverteilung zu erreichen, sodass Vorder- und Hinterrad gleichmäßig belastet sind. Die Hüfte ist dafür ein guter Indikator: Steht sie über dem Tretlager, stimmt die Balance. Zusätzliche Fahrstabilität verleihen uns leicht gebeugte Arme und fast gestreckte Beine. Wenn die Schulter über dem Lenker steht, sind die Arme die Verlängerung unserer Federgabel. So schluckt man locker alle Unebenheiten. Die Grundposition ändert sich leicht mit dem Gefälle: Je steiler das Gelände, desto weiter wandert die Hüfte hinter das Tretlager.

Gerader Rücken, Blick nach vorn: die ideale Ausgangsposition.

Basics

Lenkerbreite

Nur ein ordentlich breiter Lenker verschafft unseren Armen die nötige Bewegungsfreiheit, die sie für einen geschmeidigen Fahrstil brauchen. Für Freerider darf die Lenkerbreite deutlich über der Schulterbreite liegen. Der Grund dafür: Wir vollziehen ständig liegestützartige Bewegungen über dem Lenker, um die Unebenheiten des Geländes zu absorbieren. Je breiter der Griff ist, desto leichter fällt die Bewegung. Vergleich gefällig? Das Bankdrücken auf der Hantelbank ist im weiten Griff deutlich leichter als im Schmalgriff.

Hebelweite

Wenn du die Bremshebel ein Stückchen zur Lenkermitte schiebst, greifst du die Hebel von weiter außen und erhöhst damit die Handkraft. Außerdem lässt sich die Hebelweite justieren, falls man besonders kleine oder große Hände hat.

Hebelneigung

Auch darüber, wie man den Bremshebel in der Horizontalen ausrichtet, lohnt es sich nachzudenken. Hier kann die Justage immer nur einen Kompromiss bedeuten, denn in welchem Winkel das Handgelenk beim Bremsen zum Lenker steht, hängt von der Geländeneigung ab. Wer viel in steilem Gelände unterwegs ist, richtet den Hebel also eher in Richtung des Bodens aus. Eine zu waagerechte Ausrichtung ist zu extrem, da hier der Handballen zu wenig Berührungsfläche mit dem Lenker hat und das Handgelenk in den meisten Fahrsituationen zu sehr gestreckt ist.

Falsche Einstellung: Zwischen Hand und Unterarm entsteht ein Knick. Keine optimale Grundlage für entspanntes Fahren.

Ideale Justage: Die Finger arbeiten in Verlängerung der Unterarme, das Handgelenk ist nicht geknickt.

» FAHRTECHNIK

Kopf
Die ideale Fahrtechnik ist vor allem eine geistige Herausforderung. Aus der Beobachtung anderer lässt sich viel für den eigenen Fahrstil verbessern.

LEITLINIEN

Eins nach dem anderen: Hast du eine neue Bewegung gelernt, solltest du erst dann an die nächste (schwerere) Übung gehen, wenn das Neue perfekt sitzt. Gib deinem Bewegungsapparat die Zeit, die er braucht, um neue Bewegungen effektiv koordinieren zu können.

Lerne aus deinen Fehlern und gehe dann aktiv gegen sie an: In diesem Punkt kann das Biken fast schon eine Schule fürs Leben sein, denn eigene Fehler kann nur erkennen, wer aufmerksam und konzentriert auf dem Bike agiert. Stellst du also fest, dass du mal wieder mitten in der Kurve zur Bremse greifst, zwinge dich beim nächsten Mal, die Kurve ohne Zwischenbremsen zu fahren.

Denk (und schaue!) positiv: Es ist eine alte „Weisheit", die sich in vielen Sportarten wiederholt: Wo dein Blick hinzielt, folgt auch das Bike. Schau also nicht auf den Baum, sondern auf den Weg daran vorbei. Vor allem aber: Wenn du eine neue Bewegung üben möchtest, solltest du dich auch dabei sehen können – so, als hättest du den neuen Move schon auf YouTube eingestellt.

Zuerst die Präzision, dann die Geschwindigkeit: Bei neuen Bewegungen zählt zuerst einmal, dass sie richtig ausgeführt werden. Gib deinem Körper genügend Zeit, das Neue zu verarbeiten. Erst nach einer gewissen Zeit automatisieren sich dann die Bewegungsabläufe und werden geschmeidiger und sicherer.

TRAIL-GRUNDLAGEN

MÖGLICHST GERADE LINIEN
Sofern es das Gelände zulässt und der Weg dadurch nicht schlechter wird (Umweltschutz!), ist die gerade Linie die bessere. Das hat zwei Gründe: Zunächst sind weniger Lenkbewegungen nötig, wenn man versucht, das Gelände in möglichst lange Geraden aufzuteilen. Außerdem ist eine höhere Geschwindigkeit möglich. Guido macht's vor:

Guido peilt einen Zielpunkt in 10 Meter Entfernung an.

Da er locker in den Armen ist, schluckt er Schläge weg.

Basics

BALANCIEREN ÜBEN

Nur wer ganz langsam fahren kann, sollte auch schnell fahren. In Slow Motion zeigt sich, ob man sein Bike wirklich beherrscht. Stefan macht's vor: Der Körpermittelpunkt bleibt stets zentral über dem Bike, die Schulterachse verändert kaum ihre Lage über dem Lenker. Stefan steuert die Ausgleichbewegung allein mit den Knien, also mit einem Körperteil, mit dem sich Schwerpunktverlagerungen fein dosieren lassen.

Ohne eine einzige Lenkbewegung erreicht er sein Ziel.   *Beim Zickzackkurs im Geröll ist Lenken gefährlich.*

55

» **FAHRTECHNIK**

Mehr Speed in Kurven

„Eine perfekt gezirkelte Kurve ist ein Hochgenuss", sagt Stefan und lächelt vielsagend. Natürlich hat er Recht, denn wer in Kurven sein Bike im Griff hat, kann mit dieser Technik das Beste aus jedem Singletrail herausholen: Maximale Schräglage bedeutet maximalen Fahrspaß. Viele Mountainbiker verschenken allerdings Speed und Kontrolle durch schlechte Kurventechnik: Sie driften, strecken ein Bein im Motocross-Stil raus – und stehen schließlich am Kurvenausgang. Wer mit Köpfchen in die Kurve steuert, kann ordentlich Speed mitnehmen.

Kurvenfahren

PROFI-TIPPS FÜR DIE KURVE

Zentral über dem Rad bleiben: Gerade in Kurven mit losem Untergrund ist es wichtig, dass genügend Gewicht auf dem Vorderrad lastet. Ideal ist die Gewichtsverteilung in der Grundposition. Sind die Arme leicht angewinkelt, liegen etwa 50 % des Körpergewichts auf dem Vorderrad – so kann der Vorderreifen sich mit dem Boden verzahnen.

Die richtige Geschwindigkeit: Am Kurveneingang gilt: Finger weg vom Bremshebel! Der Speed muss hier schon stimmen, denn die Reifen müssen schon die Seitenkräfte aufnehmen – da würden zusätzliche Bremskräfte stören. Eine Ausnahme bilden natürlich Kurven in extremem Gefälle.

Legen, nicht lenken: Nur im Sitzen wird gelenkt. Sobald du jedoch auf dem Bike stehst (also immer, wenn es bergab geht), kannst du ihm in der Kurve mehr Stabilität geben, indem du es in die Schräge drückst. Das hat zwei Vorteile: Wenn das Bike geneigt ist, können die kräftigen Seitenstollen der Reifen erst richtig zupacken. Die Neigung gibt dem Bike in Verbindung mit einem leichten Lenkeinschlag die Richtung vor. So kannst du wie auf Schienen ums Eck zirkeln. Steuert man allein per Lenkeinschlag, ist der Reifenabdruck, der in der Kurve bleibt, immer verwackelt.

» FAHRTECHNIK

Steuern per Blickführung: Wie in den meisten Sportarten folgt das Sportgerät dem Blick. Das kannst du dir in der Kurve zunutze machen. In übersichtlichen Kurven kannst du bereits im Kurveneingang das Kurvenende anvisieren. Fast automatisch wirst du so eine gleichmäßige, wackelfreie Fahrspur ziehen. Bei unübersichtlichen Kurven wandert dein Blick gleichmäßig vom Scheitelpunkt zum Kurvenende.

Tiefer Schwerpunkt: Je näher der Körperschwerpunkt an den Reifen ist, desto stabiler liegst du mit dem Bike in der Kurve und desto mehr Geschwindigkeit ist möglich. Wenn du Arme und Beine stärker als in der Grundposition anwinkelst, senkst du den Schwerpunkt bereits erheblich. Noch etwas tiefer kommst du, indem du das kurvenäußere Pedal absenkst. Diese Technik eignet sich jedoch nicht für schnell aufeinander folgende Turns, denn hier bringt der ständige Wechsel der Pedalstellung Unruhe.

Kurvenfahren

6

Der nächste Punkt: Zusätzliche Stabilität in der Kurve erhältst du, indem du den Sattel mit der Oberschenkelinnenseite abstützt. Dadurch erhältst du auch zusätzliche Rückmeldung vom Untergrund. Außerdem bringst du damit einen Knick in die Hüfthaltung, und dein Körperschwerpunkt verschiebt sich um ein paar Zentimeter nach unten.

7

Eins nach dem anderen: Lenkeinschlag, Schräglage, Körperhaltung, Geschwindigkeit ... – Kurvenfahrtechnik ist ein komplexes Gefüge. Beim Verfeinern deiner Technik ist es sinnvoll, immer nur an einem Parameter zur Zeit zu drehen. Konzentriere dich also beim Üben stets auf einen der angesprochenen Punkte.

» FAHRTECHNIK

Kurve möglichst weit außen anfahren.

Blick zum Kurvenausgang, einlenken.

SPITZKEHREN MEISTERN
Haarnadelkurven lassen sich über zwei Parameter steuern:
1. Die Blickführung.
2. Die Linienwahl.
Die Schräglage des Bikes ist minimal, weil die Geschwindigkeit gering ist. Dennoch solltest du das Bike so schräg in die Kurve legen, dass der Sattel an der Oberschenkelinnenseite anliegt (s. Vorseite). Die Blickführung ist deshalb so wichtig, weil sie für eine gleichmäßige, runde Fahrlinie in der Kurve sorgt. Das zahlt sich bei geringer Geschwindigkeit und felsigem Untergrund doppelt aus. Wenn es das Gelände erlaubt, steuere enge Kurven am äußersten Wegrand an, ziehe durch den Scheitelpunkt und nutze anschließend wieder die maximale Wegbreite. Das hat den Vorteil, dass du auf diese Weise den größtmöglichen Kurvenradius fährst und der Lenkeinschlag so gering wie möglich ist.

Kurvenfahren

SCHOTTERKURVEN WIE AUF SCHIENEN
Auch bei weiten Kurven gilt für die Linie: außen, innen, außen. Steuere die Kurve (wenn es die Streckenführung erlaubt!) möglichst weit außen an, ziehe durch den Scheitelpunkt der Kurve und nutze am Kurvenausgang die volle Wegbreite. So vergrößerst du den Kurvenradius, sodass weniger Seitenkräfte auf dich und dein Bike wirken. Durch die richtige Schräglage des Bikes erreichst du Fahrstabilität. Die Blickführung hin zum Kurvenende garantiert eine geschmeidige Fahrspur.

Jetzt wieder beschleunigen!

Die Wasserrinne gibt den Rädern Führung.

Du steuerst das Rad durch den Scheitelpunkt hindurch.

» FAHRTECHNIK

Grundposition, kurvenäußeres Pedal abgesenkt.

Du lässt dich von der Kurve führen.

SPEED IM ANLIEGER

Anlieger, also Steilkurven, erfordern weniger eine filigrane Fahrtechnik als vielmehr etwas Überwindung, denn hier lassen sich höhere Geschwindigkeiten erreichen und damit verbunden auch ordentliche Beschleunigungskräfte. Die Linienwahl ist vorgegeben: ein kreisrunder Strich am äußeren Rand der Steilkurve (je schneller, desto höher).

Im Gegensatz zu „normalen" Kurven stehen die Reifen senkrecht auf dem Untergrund. So, als würde man geradeaus fahren. Die Schräglage ist nicht nötig, da der Biker allein von der Kurvenform geführt wird. Guido fährt hier den Anlieger im Racestyle: Schon vor dem Kurvenausgang beginnt er zu treten und kommt mit angehobenem Vorderrad aus dem Anlieger heraus.

Kurvenfahren

Das Rad steht senkrecht zur Kurvenfläche.

Jetzt aus der Kurve heraus beschleunigen!

» FAHRTECHNIK

Kurvenfahren

Du streckst dich – und beschleunigst!

... Arme und Beine sind gebeugt.

IN ANLIEGERN BESCHLEUNIGEN

Stefan führt hier eine Spezialität vor, die vor allem auf Dirtspots nützlich ist: das Beschleunigen in Steilkurven. Es handelt sich hier um die Push-Technik (s. S. 106, Abb. 4), die hier nicht auf Hügel, sondern auf Kurven angewendet wird. Aus einer fein abgestimmten Auf- und Abbewegung des Oberkörpers bezieht der Fahrer zusätzliche Geschwindigkeit. Fahre dazu gestreckter als gewöhnlich in die Kurve hinein. In der Kurve selbst machst du dich ganz klein, Knie und Ellenbogen gebeugt. Am Kurvenausgang streckst du Arme und Beine und kannst das Plus an Geschwindigkeit genießen!

» FAHRTECHNIK

Sprungvorbereitung: Arme und Beine beugen.

Der Blick haftet am Kurvenende.

SCHNELLER KURVENWECHSEL

Rob nutzt hier den Geschwindigkeitsgewinn aus einem steilen Anlieger, um in die Luft zu gehen. Den Weg zur nächsten Kurve überbrückt er mit einem Bunnyhop und macht sich schon in der Luft bereit für die Kurve, indem er den Lenker entsprechend einschlägt.

» **FAHRTECHNIK**

Springen

Sprungtechnik
Luft unter die Reifen!

Lockeres Springen in nahezu jeder Situation macht den kompletten Fahrer aus. Beim Sprung fließen einige Fähigkeiten zusammen: ein gutes Auge fürs Gelände, fein dosierter Krafteinsatz und natürlich ein bisschen Mut. Die Belohnung: der reine Fahrspaß! Mit der richtigen Sprungtechnik kann dir kein Trail langweilig werden, denn die kleinste Welle dient dir als Abschussrampe. Nach oben hin gibt es auch keine Grenzen – du hast jeden Bikepark im Griff.

» **FAHRTECHNIK**

DIE GRUNDBEWEGUNG:
Bunnyhop

Wer den Bunnyhop beherrscht, kann sich sofort auf den Sprunghügel wagen, denn die Bewegung ist die gleiche: In der Anfahrt beugst du Arme und Beine, du baust eine Vorspannung auf. Beim Absprung streckst du Arme und Beine – und hebst ab. Zur Landung drückst du das Vorderrad zum Boden, dazu bringst du die Schulterachse über den Lenker. Arme und Beine federn den Aufprall ab.
Genau diese Wellenbewegung ist es, die dich sicher über Baumstämme trägt. Und auch bei massiven Dirtkickern garantiert sie eine sichere Landung.

ROBS TIPPS
● Je tiefer du in der Anfahrt Arme und Beine beugst, desto leichter wird das Abheben.

● Schule die Bewegung so oft wie möglich; erst, wenn die „Welle" automatisiert ist, solltest du dich an definierte Sprünge wagen.

4 Aufprall absorbieren: Ziel ist eine möglichst geräuschlose Landung. Den Aufprall schluckst du, indem du Arme und Beine beugst.

3 Landung vorbereiten: Die Schulter über den Lenker bringen, damit das Bike kontrolliert absinkt. Das Vorderrad soll zuerst den Boden berühren.

Springen

2 Absprung: jetzt in die maximale Streckung gehen. Bei diesem kräftigen Absprung folgt das Bike wie von selbst.

1 Vorspannung aufbauen: Brust bis zum Lenker herunterführen und Beine beugen.

» FAHRTECHNIK

NUMMER SICHER:
Table-Sprünge

Altmeister Stefan Herrmann demonstriert, wie man sich langsam an weite Flüge gewöhnt.
Auf Tables kann man sich stressfrei an die volle Weite herantasten und die Absprungtechnik verfeinern. Konzentriere dich zunächst auf einen kraftvollen Absprung. Gefährlich ist eine Schräglage in der Luft. Du vermeidest sie, indem du auf gleichmäßiges Ziehen am Lenker achtest. Je tiefer du dich vor dem Absprung beugst, desto weniger Kraft ist hierzu nötig und desto flüssiger wird die Bewegung.
Eine zweite Gefahrenquelle ist die Landekante. Gefährlich wird's, wenn du schon weit fliegst, aber noch nicht die volle Weite schaffst. Dann landet das Heck noch auf dem Hügel, während das Vorderrad schon in die Landung hineinragt. Wenn Arme und Beine in der Luft gestreckt sind, kannst du den Schlag jedoch locker absorbieren.

Springen

Wenn du dich beim Table-Sprung sicher fühlst, kannst du dich immer weiter in Richtung der Landung vortasten. Wenn du es ganz drüber schaffen möchtest, kommt es darauf an, die richtige Mischung aus Absprungdynamik und Geschwindigkeit zu finden.

STEFANS TIPPS

- Beuge Arme und Beine tief vor dem Absprung. So kannst du kräftig abspringen.
- Je mehr Arme und Beine im Flug gestreckt sind, desto besser kannst du die Landung abfedern.
- Lass dich von anderen filmen. So siehst du deine Fehler sofort.
- Versuche von Anfang an (wie beim Bunnyhop!) mit dem Vorderrad zu landen. Das ist am sichersten.
- Lass dir Zeit! Du musst nicht sofort über den ganzen Hügel fliegen.

» FAHRTECHNIK

Springen

MIT SPEED:

Flach springen

Wer springt, wird langsamer. Willst du mit möglichst viel Geschwindigkeit über einen Sprung kommen, solltest du die Flugkurve möglichst flach halten, sodass du wenig Zeit in der Luft verbringst. Das kannst du brauchen, wenn du in einem Rennen bist oder wenn du die Geschwindigkeit noch für den nächsten Sprung benötigst. Beim hohen Sprung beziehst du einen Großteil der Höhe aus der Absprungdynamik. Um jetzt möglichst tief zu fliegen, muss die Absprungbewegung auf einen kleinen Impuls reduziert werden. Auf den folgenden Bildsequenzen siehst du deutlich, dass Stefan und Amir die Extremitäten im Flug gebeugt halten und nicht so stark strecken, wie sie dies bei den hohen Jumps taten.

» **FAHRTECHNIK**

DIRTY BIKING:
Doubles springen

Eine Dirtline (rhythm section) durchzuspringen, ist ein unbezahlbares Vergnügen. Es fängt an beim Surren der Reifen auf dem griffigen Dirt: sssit – sssit. Es geht weiter mit der kurzen Schwerelosigkeit im Kipppunkt zwischen den Hügeln. Und es endet noch lange nicht mit der Faszination, dass man über etliche große Hügel fliegt, ohne auch nur ein einziges Mal zu treten. Voraussetzung hierfür ist ein gutes Timing. Lande so, dass du die Landung optimal erwischst. So kannst du gleich wieder Schwung mitnehmen für den nächsten Absprung. Mache dich sofort wieder klein, sodass du in Armen und Beinen eine Vorspannung für den nächsten Absprung aufbauen kannst.

Lass dich tragen, genieße den Flug. Entspanne dich für eine sanfte Landung.

Timing: Sobald das Vorderrad die Absprunglippe erreicht, streckst du Arme und Beine maximal.

Arme und Beine haben maximale Vorspannung, du bist bereit für den nächsten Jump.

Springen

Highjump: Geschwindigkeit und kräftiger Absprung nach oben lassen dich hoch fliegen.

Race-Style: Du drückst den Sprung mit Armen und Beinen weg. Beim Absprung bist du weich in den Knien; statt das Vorderrad nach oben zu ziehen, drückst du es aktiv in Richtung der Landung.

Drücke das Vorderrad in die Landung (die Arme sind gestreckt).

Die Beine sind angewinkelt, um den Schlag zu absorbieren.

Landung anpeilen: Schau so früh wie möglich auf den Landehügel.

» FAHRTECHNIK

VERDREHT:

X-Up

Nach dem Absprung streckst du die Beine voll durch. Dadurch wandert dein Schwerpunkt etwas weiter nach hinten als beim normalen Sprung. So schaffst du dem Lenker Raum zur Drehung. Zur Stabilisierung klemmst du den Sattel mit den Knien. Taste dich langsam an die 180-Grad-Drehung heran. So bekommst du ein Gespür dafür, wie sich das Rad in der Luft verhält.

Der X-Up gehört mit dem Table-Top und dem Motowhip zu den Basics des Dirtjumpens.

Springen

VERSPIELT:

Motowhip

Den Whip leitest du schon beim Absprung ein, indem du leicht in eine Richtung lenkst. Das Hinterrad wird dann in die entgegengesetzte Richtung ausbrechen. Hüfte und Beine unterstützen die Bewegung, indem sie den Hinterbau zur Seite schieben. Die Landung funktioniert so wie beim normalen Sprung: über die Blickführung. Dabei führen die Beine automatisch den Hinterbau in die gerade Spur.

Wie ein Motocrosser:
Amirs Motowhip.

» FAHRTECHNIK

Die Anfahrt unterscheidet sich nicht vom normalen Sprung.

Auch der Absprung ist ganz gewöhnlich.

Löse die Füße von den Pedalen. Bringe die Arme auf Spannung.

Nun streckst du die Beine komplett durch.

Springen

TÄNZERISCH:
No-Foot Cancan

Voraussetzung für diesen Sprung ist die Beherrschung des No-Footers. Von dort tastest du dich langsam heran, ein Bein in Richtung des Oberrohrs zu bewegen. Am wichtigsten ist, dass du dir genügend Zeit lässt beim Üben.

Die Arme bleiben weiterhin auf Spannung, sodass das Rad nicht zur Seite kippt.

Ziehe die Beine zurück und peile die Pedale an.

Mach dich bereit für eine sanfte Landung.

LEICHT:
Toboggan

Ein Sprung, an den du dich super herantasten kannst. Zunächst übst du den Seatgrab, greifst also beim normalen Sprung an den Sattel. Wenn das sitzt, bringst du das Gewicht immer weiter nach hinten, während du dich am Sattel festhältst. Vergiss dabei jedoch nicht, die Front des Bikes tief nach unten zu drücken.

» FAHRTECHNIK

Beine anwinkeln, das Rad schnappt ein.

Einen Arm strecken, den anderen zur Brust.

Absprung wie immer, normale Geschwindigkeit.

AUFGETISCHT:
Table-Top

Bei diesem Sprung geschieht das meiste aus den Armen heraus. Schon in der ersten Flugphase ziehst du ein Lenkerende in Richtung deiner Brust. Das Gegenende streckst du weit weg. So steht der Lenker fast senkrecht zum Boden. Parallel dazu winkelst du die Beine an. Beim perfekten Table rutscht sogar der innere Fuß vom Pedal auf die Kurbel. Die beschriebenen Bewegungen geschehen idealerweise in einem Ruck. Es macht „flapp", und das Rad liegt quer unter dir. Diese blitzschnelle Bewegung kennzeichnet den Newschool-Table-Top. Bei der Oldschool-Variante legst du das Rad langsamer in der Luft flach.

Springen

Es macht „flapp", und das Bike liegt quer.

85

» FAHRTECHNIK

1 Mit einem Schlenker leitest du die Rotation ein.

2 Der Kopfdrehung folgt eine Schulterrotation ...

RANTASTEN:
360-Tail-Top

An einem Table-Sprung kannst du den 360 gefahrlos üben. Suche dir dazu einen möglichst breiten Hügel. Du fährst mit geringer Geschwindigkeit an. Schon beim Absprung lenkst du in die Drehrichtung ein. Mit dem Blick steuerst du die weitere Rotation: Du fixierst den Landepunkt des Hinterrads auf dem Hügel. Mit einer kräftigen Schulterrotation steuerst du die Drehung. Sobald das Hinterrad den Hügel touchiert, ziehst du die Bremse.

8 Der Lenker steuert die Feinbewegung. Die Bremse öffnest du wieder.

7 Wenn du jetzt den Landehügel anpeilst, stoppst du die Rotation.

Springen

... die die gesamte Bewegung steuert.

Jetzt schaue dorthin, wo das Hinterrad aufsetzen soll.

Die Drehung folgt automatisch. Jetzt ziehst du die Hinterradbremse.

Bewusste Blickführung verhindert ein Überdrehen.

» FAHRTECHNIK

Der erste Schritt zur Rotation und ganz gefahrlos: ein 180-Bunnyhop.

SPRINGEN

GESCHRAUBT:
360°

Bei diesem Sprung brauchst du etwas mehr Speed, da die Rotation kompensiert werden muss. Die Rotationserfahrung, die du im Flachen (siehe unten links) und auf dem Table (vorherige Seite) gemacht hast, kannst du hier nun umsetzen. Wichtig ist, dass du eine Vorstellung von der Bewegung im Kopf hast, bevor du anfährst. Du musst absolut sicher sein, dass du den Sprung beherrschst, denn der Notausstieg beim 360° kann schmerzhaft sein.

» FAHRTECHNIK

Richtig droppen

Droppen ist die Königsdisziplin der Freerider. Die Bewegung ist einfach, das Risiko hoch. Wir zeigen dir, wie du dich ohne Schmerzen fallen lässt.

Seit Wade Simmons und Brett Tippie vor elf Jahren mit ihren Drei-Meter-Hüpfern in Schotterhalden für Schweißausbrüche in Wohnzimmern sorgten, ist unter Mountainbikern eine wahre Dropomanie ausgebrochen. Jeder, der ein Freeride-Bike hat, möchte an Kanten, Mauern und Absätzen ausprobieren, wie viel Fallhöhe es verträgt. Das geht natürlich oft in die Hose, denn viele vergessen dabei, dass es selten das Material ist, das die Limits beim Droppen setzt. Der Move ist deshalb so reizvoll, weil es eine der schlichtesten Bewegungen beim Biken überhaupt ist. Wer droppen will, muss nicht einmal einen richtigen Bunnyhop können.

Simple Technik, der Rest ist Kopfsache

Was Droppen so spannend macht, ist die potenzielle Gefahr, in die sich der Fahrer begibt. Denn alles, was sich über Kopfhöhe abspielt, ist für Zuschauer spektakulär und nur schwer mit dem konventionellen Bild vom Radfahren vereinbar. Das Road-Gap in Morzine zum Beispiel, ein bei Hobbyfahrern beliebter Sprung, hat eine Höhe von knapp fünf Metern. Dazu kommen noch einmal sechs Meter Weite. Das sind Dimensionen, bei denen man auch beim Sprung ins Wasserbecken zögern würde.

Guido Tschugg und Rob J zeigen euch hier die beiden Techniken, mit denen ihr jeden Weitflug kontrolliert: Der Floater ist eine Art Sicherheitssprung und zudem für hohe Geschwindigkeiten geeignet, mit dem aktiven Drop könnt ihr schon kleine Sprünge spektakulär aussehen lassen. Um keine bösen Überraschungen zu erleben, muss man sich seiner Sache absolut sicher sein. Denn wer zögerlich abspringt, landet meist unkontrolliert. Die Entscheidung, ob Floater oder „echter", aktiver Drop muss längst gefallen sein. Die ideale Geschwindigkeit solltest du abgeschätzt haben, indem du andere beobachtest und mehrfach den Absprung anrollst. Als mentales Video sollte der Drop längst vorliegen, bevor man ihn das erste Mal springt. Gerade die Verbindung aus mentaler Stärke und Körperbeherrschung ist es schließlich, die unseren Sport so schön macht.

WHEELIE-DROP

Der gute alte Wheelie-Drop ist ein Relikt aus den Zeiten von Hans Rey und anderen Trialkünstlern. Sinnvoll einsetzen kann man ihn bei Slow-Motion-Drops, wenn der Anlauf zu kurz oder der Auslauf blockiert ist. Auch wenn Ryan Leech mit dieser Technik bis zu vier Meter tief dropt: Mehr als ein Meter Fallhöhe strapaziert Bike und Körper enorm.

Mit ein, zwei Kurbelumdrehungen bringst du das Vorderrad zum Abheben. Etwas Zug an den Armen (wie beim Wheelie) ist dabei nicht verkehrt. Wichtig: Die Kette muss beim Antritt exakt auf dem Kettenblatt aufliegen. Ansonsten wird dein Wheelie-Drop ein Fall für YouTube.

Hoch die Nase! Mit einem beherzten Kurbeltritt bewegst du dein Bike über die Kante. Du fährst also einen Wheelie – mit dem Unterschied, dass du nicht im Sattel sitzt. Ja höher das Vorderrad steigt, desto sicherer kommst du über den Absprung, denn das Schlimmste, was dir beim Wheelie-Drop passieren kann, ist ein Nose-Dive.

Landevorbereitung: Ganz anders als beim richtigen Drop berührt das Hinterrad den Boden viel früher als das Vorderrad. Mit etwas Übung gelingt dir eine gleitende, geräuschlose Bewegung. Und das, obwohl du ins Flat gesprungen bist! Um die Ausrollzone zu verringern, kannst du nun sogar in die Hinterradbremse greifen.

Ausrollen: Behutsam setzt du das Vorderrad auf den Boden, indem du mit dem Oberkörper wieder in die Grundposition kommst. Die Beugung an Ellenbogen und Knien zeigt, dass Christian die kinetische Energie gut abgebaut hat.

» **FAHRTECHNIK**

FLOATER

1. Anfahrt: Ein Minimum an Speed ist Voraussetzung, denn der Fahrer verhält sich beim Absprung passiv. Ist die Geschwindigkeit zu gering, hat er also kaum noch Korrekturmöglichkeiten. Rob sitzt in Grundposition auf dem Bike, die Arme bereits zur Gewichtsverlagerung nach hinten bereit, den Absprung im Visier.

2. Absprung: Den Absprung erledigt dein Bike für dich. Du lässt es unter dir hindurchgleiten, verlagerst den Körperschwerpunkt nach hinten. Jetzt schon visierst du die Landung an, denn wie immer steuerst du mit deinem Blick die Fahrtrichtung.

3. Hüfte vor: Vor der Landung musst du unbedingt wieder in die Grundposition (Schultern über dem Lenker, Hüfte über dem Tretlager) kommen. Nur so hast du genügend Druck auf dem Vorderreifen und kannst dein Bike optimal dirigieren. Strecke Arme und Beine bewusst, damit du den Stoß besser abfedern kannst.

4. Absorption: Rob zeigt hier einen Drop von gerade mal 2 m Höhe. Du siehst, dass schon hier die Federung kurz vor dem Durchschlag ist. Umso wichtiger ist es, dass Arme und Beine den Stoß absorbieren. Strecke also in der Flugphase bewusst die Gliedmaßen, dann wird die Landung geschmeidig.

Droppen

DIE KLASSISCHEN FEHLER

Guido zeigt hier, wie es nicht geht. Viele Anfänger wollen möglichst schnell mit dem Hinterrad Bodenkontakt herstellen – ein trügerisches Sicherheitsbedürfnis! Gerade bei einer steilen Landung wie hier klappt das Vorderrad dann ganz schnell weg. Überschlagsgefahr!

Rob demonstriert Worst Case Nr. 2: zu wenig Speed beim Floater. Gleich, nachdem das Hinterrad die Kante verlässt, sackt das Vorderrad in die Tiefe. Indem er den Hintern weit nach hinten rausstreckt, löst Rob das Problem im letzten Moment. Im schlimmsten Fall bleibt der Abstieg nach hinten.

Guido zeigt einen weiteren Fehler, den besonders Anfänger gerne machen: Sie vergessen, nach dem Absprung Arme und Beine zu strecken, um auf die Landung vorbereitet zu sein. Stattdessen hängt der Fahrer verkrampft in der Luft. Die Landung nach einem solchen Sprung ist äußerst unsanft!

» FAHRTECHNIK

Droppen

AKTIVER DROP

Anfahrt: Beim aktiven Drop steuern zwei Parameter den Sprung:

1. Absprungdynamik
2. Geschwindigkeit

Um die gleiche Weite wie mit einem Floater zu erreichen, darfst du also einen Tick langsamer sein, wenn du dynamisch abspringst. Also: Arme und Beine tief beugen.

Absprung: Je stärker Arme und Beine gebeugt sind, desto kräftiger kannst du dich von der Kante abdrücken. Diese Bewegung lässt sich super beim Bunnyhop üben.

Guidos Absprung ist etwas verhalten. Das hat einen guten Grund: Er fährt sehr schnell an.

Flugphase: Wenn du dich mit einem kräftigen Absprung über die Absprunghöhe hinausschießt, genießt du einen Moment der Schwerelosigkeit, in dem du tricksen kannst. Aber auch beim normalen Absprung kann man das Bike ein wenig tabeln.

Landung: Das gleiche Prinzip wie beim Floater: Vor der Landung solltest du dich in Grundstellung mit ausgefahrenem Fahrwerk (sprich: Extremitäten) befinden. Das garantiert eine stabile Landung und unterstützt die Arbeit des Fahrwerks, denn dein Körper hat locker 30 cm Federweg.

» FAHRTECHNIK

TRANSFER
Dieser Trick verbindet Style und Nützlichkeit. Guido wendet ihn hier an, weil die Landung des größeren Drops versperrt ist. Zugleich bringt die Bewegung Dynamik in die Körperhaltung, denn nichts ist doofer als ein „Dead Sailor", auch beim Droppen. Der Transfer läuft nahezu automatisch ab. Guido fährt den Absprung so weit links wie möglich an und visiert dabei schon die Landung. So ergibt sich die Schulterdrehung von allein, und er kann etwa zwei Meter links vom Absprung landen.
Häufig sind manche der Landungen bei Drop-Batterien in Bikeparks ausgewaschen. Der Transfer hilft dir dann, die geschmeidigere Variante zu fahren.

DROP MIT ABFALLENDEM ABSPRUNG
Der hier gezeigte Absatz ist noch relativ zahm, da der Absprung nicht besonders steil ist. Das Prinzip aber ist das gleiche wie bei steilen Absätzen: Bringe den Schwerpunkt beim Absprung möglichst weit nach hinten. Die Absprungdynamik ist gering, was eine gewisse Mindestgeschwindigkeit voraussetzt.

Droppen

TIPPS

1. Klein anfangen: Für schicke Drops braucht man keine große Höhe. Wer es schafft, schon im Kleinen zu stylen, kann auf größeren Drops ordentlich Show machen.

2. Kopfsache: Wichtig ist bei jedem Sprung, dass du dir vorher den Bewegungsablauf vor Augen führst.

3. Nicht ins Flat: Natürlich muss man manchmal ins Flat springen, z. B. von einer Parkbank. Denke aber dran, dass Flat-Drops deinen Bändern und deinem Bike schaden.

4. Sichere Landung: Springe niemals in eine Landung, die du nicht vorher geprüft hast, auch nicht in Bikeparks.

» **FAHRTECHNIK**

Playriding – das ist Freeriden!

Spielen mit dem Bike und dem Gelände. Das unterscheidet das Freeriden von den anderen Arten des Mountainbikens. Auf den folgenden Seiten wollen wir dazu ein paar Inspirationen vermitteln.

Springen, Kurvenfahren, Linienwahl – all das sind die Grundlagen des Freeridens, aber eben auch der anderen Disziplinen des Mountainbikens wie Downhill, Four-Cross und sogar Cross-Country. Erst beim Playriding, dem spielerischen Umgang mit dem Gelände, hebt sich Freeriden vom Mountainbiken ab. Abseits der gewöhnlichen Linien kannst du deine Kreativität unter Beweis stellen. Ein Stein wird so zur Sprungschanze, eine Böschung zum Wallride. Wer mit wachen Augen das Gelände liest, entdeckt auf gewohnten Pfaden bald eine richtige Spielwiese für neue Tricks und kleine Hüpfer. Amir, Rob und Stefan stellen hier ein paar Tricks vor, die sich auf fast jedem Trail umsetzen lassen.

» FAHRTECHNIK

NICHT NUR ZUM ANGEBEN:
Wheelie

Zugegeben: Es gibt nicht viele Geländesituationen, in denen man den Wheelie braucht. Ausnahme: das Durchrollen von Schlammpassagen auf dem Hinterrad. Aber einerseits macht Wheeliefahren Spaß und bedeutet eine Herausforderung, andererseits trägt es zur Bikebeherrschung und Gleichgewichtsschulung bei. Rob gibt ein paar Tipps für den Anfang.

3 Du trittst weiter und tastest dich an den „sweetspot" heran. Durch die Kombination von Ziehen am Lenker und Pedaldruck wandert dein Schwerpunkt über die Hinterradnabe. Lass die Arme gestreckt! Das erspart dir zusätzliche Balancearbeit am Lenker.

5 Blicke weit nach vorn und tritt möglichst regelmäßig. Wie hoch das Vorderrad oben ist, dosierst du mit der Hinterradbremse und dem Pedaldruck. Der Po bleibt ruhig auf dem Sattel.

4 Hast du das Gefühl, dass das Rad seitlich abkippt, kannst du mit den Knien gegensteuern. Kippst du nach rechts, strecke das linke Knie nach außen. Das ist das gleiche Prinzip wie beim langsamen Fahren (siehe Kapitel „Basics").

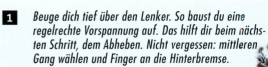
Playriding

2 Strecke die Arme mit voller Kraft. Gleichzeitig trittst du beherzt in die Pedale. Zur Sicherheit solltest du deshalb bremsbereit sein.

1 Beuge dich tief über den Lenker. So baust du eine regelrechte Vorspannung auf. Das hilft dir beim nächsten Schritt, dem Abheben. Nicht vergessen: mittleren Gang wählen und Finger an die Hinterbremse.

ROBS WHEELIE-TIPPS

- **Sattel nicht zu tief:** Stelle den Sattel auf eine mittelhohe Position, damit das Treten nicht zu anstrengend ist.
- **Hand an den Bremshebel:** Lege den Finger immer auf den Hebel der Hinterradbremse. Sobald du zu weit nach hinten kippst, kannst du das Vorderrad mit einem beherzten Griff blitzartig zu Boden zwingen.
- **Mittlerer Gang:** Mit einem zu kleinen Gang (kleines Kettenblatt) hast du nicht genug Drehmoment, um das Vorderrad beim Antritt abheben zu lassen. Du müsstest zu stark ziehen. Wähle deshalb einen Gang mit dem mittleren Kettenblatt und einem mittleren Ritzel.
- **Arme strecken:** Zwischen Lenker und Schulter muss Spannung aufgebaut werden, um das System Fahrer-Bike zu stabilisieren. Strecke die Arme deshalb immer ganz durch. Wenn der Abstand Lenker–Schulter immer gleich bleibt, erspart das zusätzliche Balancearbeit.
- **Geduld haben:** Auch bei begabten Radfahrern dauert es lange, bis sie das Wheeliefahren beherrschen. Wenn du es innerhalb eines Sommers auf die Reihe bekommst, ist das ein guter Wert!

» FAHRTECHNIK

FÜR KÖNNER:
Manual

Manuals sind das Erkennungsmerkmal eines guten Bikers. Wer diese Bewegung beherrscht, hat viele Möglichkeiten, mit verschiedensten Geländeformen spielerisch umzugehen. Er fährt flüssiger und sicherer. Wer den Manual beherrscht, hat, vor allem bei hohen Geschwindigkeiten, mehr Reserven. Taucht beispielsweise unvermittelt eine Kante auf, so lässt sich das Hinterrad mit der Manual-Technik sanft hineindrücken, ohne dass der Griff zur Bremse nötig ist. Auf der BMX-Bahn ist der Manual fast schon überlebensnotwendig. Verpatzte Sprünge, egal ob zu weit oder zu kurz, lassen sich mit dieser Technik wunderbar abfedern. Der Manual hat seinen Namen von manus (lat. Hand), denn im Gegensatz zum Wheelie, den man per Pedaldruck und Hinterbremse reguliert, steuert beim Manual allein die rechte Hand die Höhe des Vorrderrads.

2 Im Unterschied zum Wheelie musst du nun das Vorderrad allein mit der Armkraft anheben. Wenn du zugleich jedoch den Schwerpunkt möglichst stark nach hinten verlagerst (Po nach hinten!), entlastest du die Front, sodass sie leichter steigt.

4 Um den Manual zu „halten", muss das Gewicht stets tariert werden. Gehe möglichst tief in die Knie, um den Schwerpunkt niedrig zu halten. Wie beim Wheelie lassen sich Seitenschwenker mit Kniearbeit ausgleichen.

3 Strecke die Arme, sodass der Schwerpunkt möglichst weit nach hinten wandern kann. Die Knie sollten aus dem gleichen Grund gebeugt sein.

Playriding

1 Hier greift das gleiche Prinzip wie beim Wheelie. Beuge dich tief über den Lenker. So baust du eine regelrechte Vorspannung auf. Das hilft dir beim nächsten Schritt, dem Abheben. Nicht vergessen: Ein Finger ruht auf dem Hebel der Hinterbremse.

ROBS MANUAL-TIPPS

● **Sattel möglichst tief:** Anders als beim Wheelie, solltest du nun den Sattel möglichst weit absenken, damit er nicht stört.

● **Hand an den Bremshebel:** Lege den Finger immer auf den Hebel der Hinterradbremse. Sobald du zu weit nach hinten kippst, kannst du das Vorderrad mit einem beherzten Griff blitzartig zu Boden zwingen.

● **Gefälle hilft:** Suche dir eine leere Straße mit sanftem Gefälle. Zum einen wird die Bewegung damit leichter, und außerdem nimmt es dir die Aufgabe ab, immer wieder zu beschleunigen, denn ganz ohne Schwung funktioniert der Manual natürlich nicht.

● **Arme strecken:** Zwischen Lenker und Schulter muss Spannung aufgebaut werden, um das System Fahrer-Bike zu stabilisieren. Strecke die Arme deshalb immer ganz durch. Wenn der Abstand Lenker–Schulter immer gleich bleibt, erspart das zusätzliche Balancearbeit.

● **Geländeunterstützung:** Um den Manual praxisnah zu üben, kannst du eine Bodenwelle (ideal: Waschbrett auf der BMX-Bahn) nehmen, die das Vorderrad anhebt.

● **Geduld haben:** Was für den Wheelie gilt, gilt hier noch viel mehr. Manuals zu fahren setzt mehr Übung voraus als der Wheelie.

» FAHRTECHNIK

Du peilst die Landung an, ziehst die Hinterradbremse.

Das Hinterrad setzt schräg an der Kante der Bank an, damit du das Bike gleich locker übers Hinterrad kippen lassen kannst.

Aus der Hocke heraus streckst du dich zum Sprung, der Blick geht zurück zur Landung.

Playriding

Du gehst nach hinten, um das Vorderrad zu entlasten. Tief in die Knie, um Schwung für den Absprung zu haben.

Du streckst die Beine, bringst die Schultern zum Lenker – das Rad hebt ab.

EIN TRICK FÜR ÜBERALL:
Fufanu

Der Fufanu lässt sich ohne viel Aufwand und Risiko üben und bringt dir unheimlich viel fürs Bikegefühl. Zudem lässt er sich in vielen Situationen anwenden, und das passende Gelände dazu findet sich fast überall. Wichtig bei diesem Mini-Trick sind zwei Dinge: Erstens muss die Geschwindigkeit exakt dosiert sein (siehe Bild 1). Zudem muss das Hinterrad im richtigen Winkel zur Kante stehen, damit du es sofort wieder von der Bank (sprich: „Bänk") lösen kannst.

Gerade anfahren. Die Geschwindigkeit ist gerade so hoch, dass du den höchsten Punkt der Bank erreichst.

Die Landung federst du mit den Knien ab und steuerst mit dem Lenker gerade.

Du löst die Hinterbremse, drehst die Schulter zur Landung.

105

» FAHRTECHNIK

STANDARD-MOVE:
Drop-in

Diese Bewegung ist nicht nur dann angesagt, wenn's in die Quarter geht. Auch im normalen Gelände finden sich Möglichkeiten, einen Drop-in zu springen. Und im Bikepark erst recht.

Die Bewegung ist nichts Neues: Du springst einen Bunnyhop. Wichtig ist jedoch dass du zuvor beherzt in die Pedale trittst. Der Speed muss genau passen, um das Hinterrad über die Kante zu lupfen. Andererseits darfst du nicht zu schnell sein, sonst landest du im „Keller" – im Flachen.

Jetzt ein kleiner Bunnyhop. Du lupfst das Vorderrad nur, um es sofort wieder in die Landung hineinzudrücken. So macht auch das Hinterrad diese Wellenbewegung mit.

Durch „Pushen" macht Rob Geschwindigkeit: Er verlagert das Gewicht ein klein wenig nach hinten und drückt das Vorderrad in die Schräge.

1 Eine Pedalumdrehung mit dem richtigen Gang genügt. Meist ist ohnehin nicht mehr Platz, denn die Anfahrt ist immer kurz. Achte darauf, dass die Kette nicht verrutscht. Stürze beim Drop-in sind besonders unschön!

3 Jetzt drückst du das Vorderrad in die Schräge. Rob macht sich ganz klein und versucht, dass die Räder möglichst schnell Bodenkontakt bekommen. So kann er Schwung mitnehmen, um auf der Gegenseite hinaufzukommen.

» FAHRTECHNIK

IN DER HALFPIPE:
Turn

Ein leichter Move ist schon die halbe Miete für viel Spaß in allen Funparks dieser Welt. Außerdem führt die Bewegung langsam in Richtung der Rotationssprünge, der nächste Schritt ist dann der 180-Bunnyhop. Halfpipes finden sich zum Glück in fast jeder Stadt. Notfalls reicht auch ein steiler Weg, um die Bewegung zu üben. Bevor du mit dem Üben in der Quarter beginnst, rollst du dich am besten ein wenig dort ein. Rolle von einer Seite zur anderen und schaukle dich mit der richtigen Push-Bewegung immer ein wenig höher. Bald merkst du, dass das Vorderrad leichter wird. Jetzt geht's los!

Steuere im 90-Grad-Winkel auf die Quarter zu. Nur so gibt dir die Rampe die nötige Unterstützung, die du für den Sprung brauchst.

Schwerelos: Nun bist du in der Luft (wenn du dich dazu entschlossen hast). Das Rad folgt der Bewegung, die du mit deinem Blick vorgegeben hast.

Playriding

Absprung: Strecke Arme und Beine so wie beim Bunnyhop. Bei den ersten Versuchen reicht es völlig, wenn du nur das Vorderrad lupfst. Je routinierter du wirst, desto eher wirst du dann bald das Hinterrad nachziehen.

Blick zurück: Nun kommt es auf die Blickrichtung an, denn damit steuerst du deine Bewegungsrichtung. Schaue zur Mitte der Halfpipe, denn du willst ja auch wieder zurück.

Lenken: Schlage sachte, ganz sachte den Lenker ein, um die Gegenseite anzusteuern. Hier geschehen die meisten Stürze. Ist der Lenkeinschlag zu hoch, blockiert das Vorderrad blitzartig.

Pushen: Nun musst du wieder an die Gegenseite denken. Um Schwung aufzubauen, solltest du das Vorderrad in die Schräge „pushen".

» FAHRTECHNIK

Klappt der Wallride, kannst du versuchen, das Vorderrad im Übergang von der Wand zum Boden anzuheben, wie Stefan es tut.

Playriding

Wallride –
EINFACHER, ALS MAN MEINT

Besonders auf Fotos macht ein Wallride großen Eindruck, dabei ist die Bewegung hierfür nicht so anspruchsvoll wie bei anderen Tricks. Allerdings spielt hier bereits die mentale Komponente eine große Rolle, sprich: Du musst dir sicher sein, diesen Trick durchzuziehen. Kommen dir in der Bewegung Zweifel, schmierst du ab. Das Gute am Wallride ist allerdings, dass du dich meist vorsichtig herantasten kannst. Schließlich gibt es keine Vorgabe, wie hoch du die Wand befahren sollst. Das richtige Brummkreiselgefühl gibt's aber natürlich nur ganz oben. Wer seinen Blick etwas schult, findet auch im normalen Gelände (z. B. in Hohlwegen) viele Stellen, an denen sich ein Wallride einbauen lässt. Stefan zeigt, wie man sich langsam herantastet.

Locker bleiben, Körperspannung halten. Du visierst das Ende des Wallrides an.

Geschwindigkeit justieren: Für einen so sachten Wallride musst du nicht besonders schnell sein.

» **FAHRTECHNIK**

Höhepunkt: Locker bleiben, aber Körperspannung halten. Kurvenausgang anvisieren.

Am höchsten Punkt visierst du den Kurvenausgang an.

Allein durch den Lenkereinschlag löst du dich wieder von der Wand.

Playriding

FÜR MUTIGE:
Hoher Wallride

Willst du den Wallride voll ausfahren, kommt es vor allem auf deine Entschlossenheit an. Stefan rät, dass du ein exaktes Bewegungsbild im Kopf haben solltest, bevor du den Trick umsetzt. Dabei hilft es auch, das Gelände erst mal zu Fuß zu erfahren, damit du auf Unebenheiten und Risiken (Übergangszone von Holz auf Erde!) aufmerksam wirst. Um ein Gefühl für den richtigen Speed zu bekommen, kannst du auf die Wand zulaufen. Sei lieber zu langsam als zu schnell bei deinen ersten Versuchen, einen hohen Wallride zu fahren. Dann bleibst du zwar etwas tiefer, minimierst aber das Verletzungsrisiko.

Entlaste das Vorderrad, um eine runde Bewegung zu erreichen. Nur mit genügend Speed kannst du den Wallride voll ausfahren.

» FAHRTECHNIK

Playriding

SPEKTAKULÄR:
Gesprungener Wallride

Bei dieser Variante des Wallrides zählt die Entschlossenheit am meisten. Hier gibt es nicht die Möglichkeit, bei fehlendem Speed oder Mut die Wand niedriger abzurollen. Im Moment des Absprungs muss die Entscheidung gefallen sein. Deshalb musst du dich vorher in der Bewegung visualisieren (wie in einem kleinen Video). Der Trick an sich besteht aus zwei Bunnyhops: einmal zur Wand hin, dann wieder davon weg. Versuche, die Reifen senkrecht zur Wand auszurichten, damit sie Grip haben. Auch wichtig: Bereits beim Absprung schlägst du den Lenker entsprechend dem Kurvenradius ein. Das geschieht jedoch ganz automatisch.

» **BIKEPARKS**

Das reinste Vergnügen

Natürlich kann man überall freeriden, wo man auch ganz normal Rad fahren kann. Das beweisen die vielen Urban-Freerider in unseren Städten. Zudem finden sich in nahezu allen größeren Städten Freeride-Spots, seien es natürliche Strecken oder kleine Mutproben wie der Sprung von der Parkmauer. Doch für solche kleinen Spielereien sind Freeride-Bikes natürlich überdimensioniert: Diese Bikes verlangen nach schnell gefahrenen Kurven, ruppigen Wurzelpisten, nach meterweiten Sprüngen und tiefen Drops, genau wie ihre Fahrer. Eine geballte Auswahl all dieser Herausforderungen findet man nur in Bikeparks. Diese abgegrenzten Gebiete bieten zudem den Vorteil, dass man sich Diskussionen mit Wanderern erspart und auch einmal mit maximaler Geschwindigkeit durch eine Kurve ziehen kann, ohne Gegenverkehr zu fürchten. Für die Bewohner mancher Bundesländer ist ein Bikepark das einzige Gelände, in dem sie ihr Freeride-Bike legal bewegen dürfen, denn in Rheinland-Pfalz und Baden-Württemberg ist das Fahren auf schmalen Fußwegen verboten.

Nun zu den positiven Seiten des Freeridens in Deutschland: Es gibt viele Bikeparks, und ihre Zahl erhöht sich jährlich. Zwar scheiden hin und wieder einige Anlagen aus, doch es bleibt die Hoffnung, dass Freeriden bald ein echter Breitensport sein wird. Parks wie die in Winterberg und in Bischofsmais sind an sonnigen Wochenenden bereits voll ausgelastet.

Einen Überblick über sämtliche Bikeparks der Welt möchte die Website www.bikeparkmap.de verschaffen. Zwar sind die Informationen teilweise lückenhaft und müssen mit anderen Webseiten abgeglichen werden. Doch findet sich hier vor allem eine größere Auswahl an ganz kleinen Strecken, die nicht unbedingt eine weite Anfahrt lohnen, aber doch die eigene Hausrunde bereichern können. Man ist häufig überrascht, was sich vor der Haustür findet! Ein ähnliches, aber weniger umfangreiches Angebot bietet der „Tour- und Spotguide" des bekannten IBC-Forums: tourguide.mtb-news.de.

Die besten Bikeparks

VON NORD NACH SÜD: IN DEUTSCHLAND GIBT ES KEINE AUSREDEN MEHR FÜR FREERIDE-MUFFEL, DER NÄCHSTE PARK IST GLEICH UM DIE ECKE. HIER EINE AUSWAHL DER BESTEN.

Mittlerweile gibt es in und um Deutschland herum etwa 20 kommerzielle Bikeparks. Wir führen hier nur solche Parks auf, die über einen brauchbaren Lift sowie über eine genügend große Streckenauswahl verfügen. Dazu gehören Downhill- und Freeridestrecken und mindestens eine Piste mit präparierten Sprüngen, die sowohl für Anfänger als auch für Fortgeschrittene geeignet sind (Ausnahme: Saalbach-Hinterglemm).

Natürlich gibt es enorme Unterschiede im Streckenangebot zwischen den Parks, was einerseits mit den Möglichkeiten, die das Gelände bietet, zusammenhängt, andererseits mit dem Alter und damit mit dem Ausbaustatus des Parks. Denn wo es in den vergangenen Jahren gute Besucherzahlen gab, ist die Bereitschaft hoch, neue Streckenteile anzulegen. Die Bewertung orientiert sich an den Ergebnissen des Bikepark-Tests des FREERIDE-Magazins, dessen Redakteure Jahr für Jahr die Neuerungen in den Bikeparks vor Ort erfahren.

Der mit Abstand gelungenste Park befindet sich in Winterberg, etwa 60 Kilometer von Siegen entfernt gelegen. Hier kommen Fahrer aller Könnensstufen auf ihre Kosten – und gegebenenfalls auch an ihre Grenzen. Winterberg bietet eine ideale Auswahl an Freeride-, Downhill- und Dirtstrecken. Andere Bikeparks haben besondere Schwerpunkte. Was genau der anvisierte Bikepark zu bieten hat, steht in den jeweiligen Infokästen. Da sich gelegentlich Änderungen an den Strecken ergeben, aber auch Strecken hinzukommen, ist vor dem Ausflug in einen Park der Besuch des Internetauftritts empfehlenswert. Hier finden sich auch die meist saisonabhängigen Öffnungstermine.

Die meisten Bikeparks bieten ein umfangreiches Zusatzangebot, beginnend mit Schutzausrüstung (die ist obligatorisch in allen Parks!) über Leihbikes bis hin zu (nicht immer empfehlenswerten) Fahrtechnik-Kursen.

BIKEPARK

Goslar-Hahnenklee

Dieser Bikepark ist ein wahrer Senkrechtstarter. Schon im zweiten Jahr seines Bestehens zählt er zu den zehn besten Parks Deutschlands — und das hat seinen Grund: Der 726 Meter hohe Bocksberg sorgt für ordentliches Gefälle auf sieben gut ausgebauten Strecken, die Biker aller Könnensstufen zufriedenstellen. Von Anfang an investierten die Betreiber des Parks in ordentliche Brechsandpisten, stabile Northshores und spezielle Gondeln für Biker. Mit einem derart konsequenten Konzept könnten auch zahlreiche andere Skigebiete ihr Kundenspektrum auf Biker ausweiten.

Eröffnungsjahr: 2007
Gesamtlänge der präparierten Strecken: 6,4 km
Gesamtlänge der naturbelassenen und per Lift erschlossenen Strecken: 5,7 km
DOWNHILL: 1 Strecke, 1 km
FREERIDE: 1 Strecke, 1,25 km
BIKERCROSS: 150 m
DIRTJUMPS: nicht vorhanden
Liftanlage: Biketransport mit Transportgondeln der Bocksberg-Seilbahn, Personentransport in Seilbahngondeln
Tagesticket: Erwachsene 20 Euro
Besonderes: In Kooperation mit den Harzer Bikeparks in Braunlage (Eröffnung in 2009) und in Schulenberg wird ab Sommer dieses Jahres ein Harzer Bikepark-Kombiticket angeboten.
Info: www.bike-park-hahnenklee.de; info@bike-park-hahnenklee.de; 05325/2576

» BIKEPARKS

BIKEPARK Winterberg

Für viele Freerider gilt dieser Park als das Mekka ihres Sports. Das liegt nicht nur an seiner Nähe zu rheinischen Ballungszentren wie Düsseldorf und Dortmund, sondern an der enormen Auswahl an spaßigen und anspruchsvollen Strecken. Neun Strecken stehen zur Auswahl, darunter der schwierige Downhill mit dem legendären Gap-Jump, aber auch ein Übungsparcours für Einsteiger. Auf Festivals wie den Dirt Masters trifft sich die ganze Szene; und Profis zeigen, was sich mit den Hindernissen des Slopestyleparcours anfangen lässt.

Eröffnungsjahr: 2003
Gesamtlänge der präparierten Strecken: 9 km
Gesamtlänge der naturbelassenen und per Lift erschlossenen Strecken: 1 km (DH)
DOWNHILL: 1 Strecke, 1 km, anspruchsvoll
FREERIDE: „Free Cross", 1,3 km; „Fun Ride", 0,4 km; „North Shore", 0,75 km; „Flow Shore", 0,3 km
BIKERCROSS: „Four Cross", 0,4 km, „Continental Track", 0,5 km
DIRTJUMPS: großer Slopestyle, Übungsparcours mit Table-Lines
Liftanlage: 2er-Sessellift mit Bikehalterung, Anker-Schlepplift zur Entlastung an Wochenenden
Tagesticket: 23 €
Info: www.bikepark-winterberg.de, info@bikepark-winterberg.de; 02981/9199909

BIKEPARK 3 Bad Wildbad

Der Bikepark auf dem Sommerberg in Bad Wildbad bietet einen ganz eigenen Reiz, da sich hier beschaulicher Kurort und Freeride-Szene vermischen. Die Anlage ist altbewährt, schon mehrfach fand auf der technisch anspruchsvollen Downhillstrecke die Deutsche Meisterschaft statt. Der Bikercross wird per Schlepplift angefahren und hält einige ziemlich weite Sprünge bereit, die Anfänger jedoch entspannt abrollen können.

Eröffnungsjahr: 2000
Gesamtlänge der präparierten Strecken: knapp 8 km
DOWNHILL: 2 Strecken (1,5 km und 1,7 km)
FREERIDE: 2 Strecken (Varianten der Downhillstrecken)
BIKERCROSS: 0,7 km, anspruchsvoll
DUALSLALOM: 0,3 km, leicht
DIRTJUMPS: 0,1 km, leicht
Liftanlage: 2 Schlepplifte, Bergbahn
Tagesticket: 24 €
Info: www.bikepark-bad-wildbad.de; info@radsportakademie.de; 07081/92508-0

» BIKEPARKS

4 BIKEPARK — Bikepark am Geißkopf, Bischofsmais

Dieser Park besitzt eine enorme Ausstrahlung auf andere europäische Parks. Der Chef und Streckendesigner Diddie Schneider ist ein talentierter Streckenbauer und hat in den vergangenen Jahren zahlreiche Parks weltweit angelegt. Sein Park in Bischofsmais glänzt vor allem mit verwegenen Northshore-Konstruktionen und einer sprungreichen Downhillstrecke. Sehr gelungen sind die Brechsand-Strecken, die für Anfänger und Racer gleichermaßen attraktiv sind.

Eröffnungsjahr: 1998
Gesamtlänge der präparierten Strecken: knapp 8 km
Gesamtlänge der naturbelassenen und per Lift erschlossenen Strecken: ca. 20 km
DOWNHILL: 1 Strecke (ca. 1,5 km)
FREERIDE: 1 Strecke (ca. 2 km)
BIKERCROSS: 0,7 km, leicht bis anspruchsvoll
DUALSLALOM: 0,7 km, leicht bis anspruchsvoll
DIRTJUMPS: 0,2 km, mittel
NORTHSHORE: „Evil-Eye"-Trail (mittel bis anspruchsvoll); „You-go-first" (schwierig)
Liftanlage: Sessellift, Schlepplift
Tagesticket: 24 €
Info: www.bikepark.net; mtbzone@bikepark.net; 09920/903135

Bikepark Lenggries

Der Park in Lenggries ist ein echter Slopestyle-Park. Der untere Teil bietet alle Obstacles, die auch bei großen Wettbewerben vertreten sind. Der obere Teil ist ein flowiger Bikercross, der zahlreiche Varianten mit Northshore-Elementen enthält. Eine echte Mutprobe ist der sechs Meter tiefe Gapjump „JJ1", unter dem schon so einige Biketeile in die Knie gingen. Für Downhiller hat der Bikepark wenig zu bieten.

Eröffnungsjahr: 2006
Gesamtlänge der präparierten Strecken: ca. 0,95 km
Gesamtlänge der naturbelassenen und per Lift erschlossenen Strecken: ca. 0,75 km
DOWNHILL: Northshore-Elemente auf der Freeride/Bikercross-Strecke
BIKERCROSS: Four-Cross-Strecke ca. 0,95 km mit zahlreichen Tables, Wallrides, Doubles.....
DIRTJUMPS: 3 Lines, zwei Big-Air-Doubles
Liftanlage: Schlepplift
Tagesticket: 17 €
Info: www.bikepark-lenggries.com; bikepark-lenggries@t-online.de; 0173/5664122

» BIKEPARKS

Bikepark Leogang

Die Entwicklung des Bikeparks Leogang zeigt, was konsequente Verbesserung bewirkt. Anfangs war Leogang die Domäne der Downhillexperten. Jedes Jahr wurde ein Zuckerl hinzugebaut, und nun ist Leogang mit den monströsen Dirtjumps und dem geflechtartigen Northshore-Park führend in der Slopestyle-Szene. Hinzu kommt das riesige Tourenangebot, denn zum Jahreshöhepunkt (leider nicht ganzjährig) lassen sich mit dem Tagesticket fünf Lifte in Verbindung mit dem benachbarten Bikepark Saalbach-Hinterglemm nutzen. Auch die Freeridepisten sind sehr attraktiv und mittlerweile anfängertauglich. Die Downhillpiste ist nach wie vor eine ganz besondere Herausforderung.

Eröffnungsjahr: 2001
Gesamtlänge der präparierten Strecken: ca. 8 km
Gesamtlänge der naturbelassenen und per Lift erschlossenen Strecken: ca. 70 km („Fünf-Gondel-Tour", in Verbindung mit Saalbach-Hinterglemm)
DOWNHILL: „Speedster", ca. 2,3 km, 480 hm; schwierig
FREERIDE: „Flying Gangster" mit vielen Sprüngen, Drops (bis 3 m) und Wallrides, 2 Varianten im unteren Teil; „Hangman": kurvenreicher Singletrail; „Lumberjack": Northshore-Parcours mit Drops von 0,5 bis 5 m Höhe
BIKERCROSS: „4-Cross", 350 m, 50 hm
DUALSLALOM: „Terminator", 370 m, 60 hm, mit Zeitmessung
DIRTJUMPS: „Flow-Master": extreme Dirtjumps aus den bekannten Wettbewerben und 3 kleine Übungssprünge
Liftanlage: 8er-Kabinenbahn
Tagesticket: 30,50 €
Info: www.bikeparkleogang.com; info@leoganger-bergbahnen.at; 0043/6583/8219

BIKEPARK 7 — Bike Circus Saalbach-Hinterglemm

Der „adidas"-Freeride-Park ist nur eine der Attraktionen für Biker, die diese österreichische Gemeinde zu bieten hat. Der gesamte Sommertourismus zielt auf Biker, deshalb ist auch das Tourenangebot enorm. Besonders beeindruckend ist die Fünf-Gondel-Tour, die Saalbach-Hinterglemm gemeinsam mit Leogang anbietet. Klassische Downhillstrecken findet man dagegen nicht, dennoch kommen Downhiller auf einer der Freeridestrecken auf ihre Kosten. Wer mehr Slopestyle- und Bikercross-Action sucht, ist in Leogang besser aufgehoben, das von Deutschland aus auch schneller erreichbar ist. Soulbiker dagegen finden in Saalbach-Hinterglemm ihr Glück.

Eröffnungsjahr: 2003
Gesamtlänge der präparierten Strecken: ca. 5,4 km
Gesamtlänge der naturbelassenen und per Lift erschlossenen Strecken: ca. 80 km
DOWNHILL: –
FREERIDE: „adidas"-Freeride, 1,9 km / 500 hm, mit Northshore-Elementen („Evil-Eye"-Trails); „X-Line": 6,3 km naturbelassener Singletrail über ca. 1000 hm; „Blue-Line", leichtere Variante zum „adidas"-Trail, ca. 3,5 km
BIKERCROSS: –
DIRTJUMPS: –
Liftanlage: 8er-Gondel
Tagesticket: 30,50 € (auch in Leogang nutzbar)
Info: www.bike-circus.at; info@bike-n-soul.at; 0043/6541/6351

» AUTOR UND FOTOGRAF

FLORIAN HAYMANN
Absolvierte 2000-2002 sein Volontariat bei BIKE, danach Redakteur im Test- & Technikressort und langjähriger freier Mitarbeiter bei BIKE und FREERIDE, die er 2005 mitkonzipierte. Gemeinsam mit Ulrich Stanciu verfasste er das Standardwerk „Alles übers Mountainbike", bei dem ihm bereits sein Wirken an Stefan Herrmanns mtb-academy zugute kam. Akademisch: Staatsexamen für die Unterrichtsfächer Deutsch und Geschichte am Gymnasium, momentan Doktorand in Alter Geschichte an der Ludwig Maximilian Universität München.

WOLFGANG WATZKE
Bekam 1988 sein erstes Mountainbike. Seither ist der Geländesport in all seinen Facetten eine feste Größe in seinem Leben. Nachdem er jahrelang als Test- und Fotofahrer für das BIKE Magazin vor der Kamera gearbeitet hat, tauschte er 2004 die Rollen. Seither ist das Fotografieren vom Hobby zum Beruf geworden. Auch Wolfgang Watzke lernte bei Stefan Herrmann, wie man Fahrtechnik vermittelt.

Bibliografische Information der Deutschen Nationalbibliothek
Die Deutsche Nationalbibliothek verzeichnet diese Publikation in der Deutschen Nationalbibliografie; detaillierte bibliografische Daten sind im Internet unter http://ddb.d-nb.de abrufbar.

Bildnachweis: Alle Bilder wurden von Wolfgang Watzke auf Teneriffa, im Bikepark Leogang und auf dem Dirt-Track in Dachau aufgenommen. Ausnahmen: Titelfoto: Yorick Carroux, 4: Ale di Lullo; 8: Dan Milner; 10: F. Haymann; 11: John Gibson; 12: Scott Markewitz; 13: Damiano Levati (o.), Ale di Lullo (u.); 14 o.: D. Geiger, 14 u.: Ale di Lullo; 15: Victor Strasser; 16/17: Daniel Geiger, 18, 22, 26: Ale di Lullo; 20, 24, 28: Victor Strasser; 30: Specialized, Cosmic Sports; 31: Ronny Kiaulehn; 34: Specialized, Bohle, 35, 36, 38: Cosmic Sports; 37: Rohloff, SRAM, M. Greber; 39: Dimitri Lehner; 40: Cosmic Sports, Raceface, 44: Daniel Roos; 59: Daniel Geiger; 116: F. Haymann; 118, 119: Hahnenkleer Seilbahngesellschaft mbH; 120: Martin Donat; 121: Ralph Stiller / Radsportakademie Wildbad; 122: Annette Wazian; 123: Tommy Senfinger; 124: Bikepark Leogang; 125: Markus Greber; 126: Ale di Lullo

Danke: Die Fotoproduktion auf Teneriffa ermöglichte Ralf Petrovskis (www.mtb-activ.com) gemeinsam mit Zeno Zrenner (bikeparkteneriffe.com) mit Unterstützung der lokalen Tourismusbehörde. Der Autor bedankt sich für freundliche Unterstützung bei Jens Haug, Dimitri Lehner (FREERIDE-Magazin), Julian Mothes, Josh Welz (BIKE-Magazin) und natürlich Stefan Herrmann, Robert Jauch, Amir Kabbani und Guido Tschugg.

2. Auflage
ISBN 978-3-7688-3159-8
© by Delius, Klasing & Co. KG, Bielefeld

Umschlaggestaltung:
Buchholz/Hinsch/Hensinger, Hamburg
Innenlayout: Vera Waldmann
Reproduktionen: scanlitho.teams, Bielefeld
Druck: DZA Druckerei zu Altenburg
Printed in Germany 2011

Alle Rechte vorbehalten! Ohne ausdrückliche Erlaubnis des Verlages darf das Werk weder komplett noch teilweise reproduziert, übertragen oder kopiert werden, wie z.B. manuell oder mithilfe elektronischer oder mechanischer Systeme inklusive Fotokopieren, Bandaufzeichnung und Datenspeicherung.

Delius Klasing Verlag,
Siekerwall 21, D-33602 Bielefeld,
Tel.: 0521/559-0, Fax: 0521/559-115
E-mail: info@delius-klasing.de
www.delius-klasing.de

Tibor Simai genießt den Fernblick am Gardasee.

Erhältlich im Buch- und Fachhandel
oder unter www.delius-klasing.de

Thomas Rögner
**Der ultimative
Bike-Workshop**
ISBN 978-3-7688-1639-7

Guy Andrews
Mountainbike
Wartung und Reparatur
ISBN 978-3-7688-5295-1

Markus Greber
Mountainbike-Freeride
Die Revolution des Bikesports
ISBN 978-3-7688-2656-3